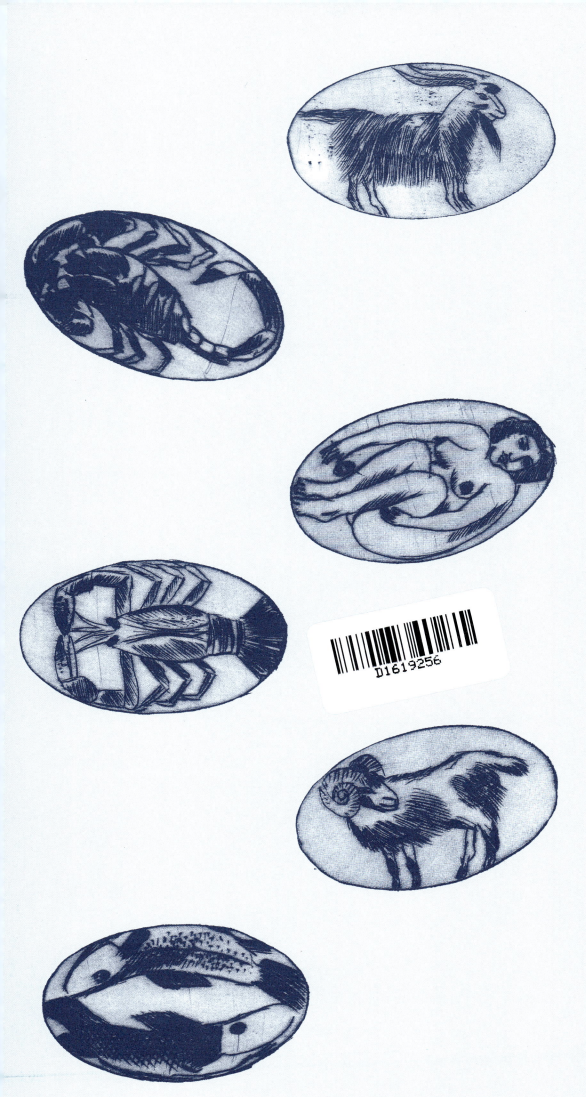

Klaus Münzenmaier

Ein astrologisches Kochbuch
mit Illustrationen von
Klaus Eberlein

Für Birgit

© Klaus Münzenmaier, 8060 Dachau, 1991
Printed in Germany ISBN 3 - 922406 - 49 - 1
3 - 922406 - 50 - 5 (Vorzugsausgabe)

Dieses Buch hat die Nr. *751*

Klaus Münzenmaier

Dank an Franziska Schuh, eine Köchin von Format, für so manchen Tip, und an Rosemarie Bayer für ihren astrologischen Beistand.
Dank an die Sonne und den Goldstrand der Balearen für ihre inspiratorischen Kräfte.

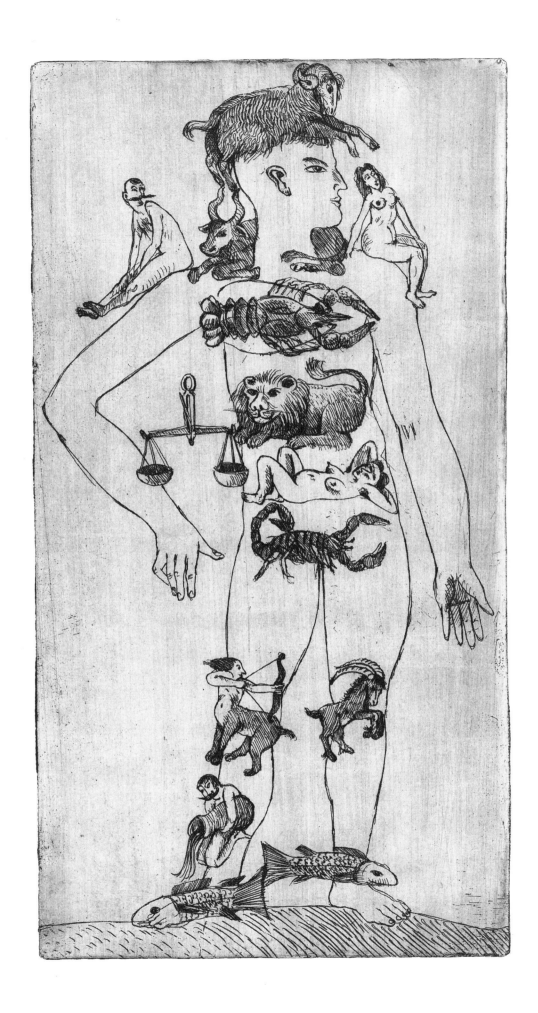

Inhalt

Seite

Einleitung   1

20

32

44

56

68

80

92

Inhalt

Seite

104

116

128

140

152

Kosmische Kräuterfibel 164

Notizen 170

Rezeptverzeichnis 177

Dachau, im Oktober 1991

An
Alle Freunde des Kochens
Kochtopf 1
1111   KÜCHE - Überall

Liebe Freundinnen, liebe Freunde
   Bitte bekommt nicht gleich einen
Schock beim Lesen der Menüvor-
schläge. Gerade moderne Kochbücher
überraschen die Köchin oder den
Koch mit fremdländischen Be-
zeichnungen - wie schön klingt's
doch auf Französisch, n'est-ce pas-,
flößen ihm Ehrfurcht ein, Respekt
vor den 'Meistern' der cucina
moderna.
Manchmal ist die Hemmschwelle,
die der so schwer auszusprechende
Name aufbaut, schon so groß, daß
man lieber gar nicht erst mit dem
Kochen anfängt.
Und dann gibt es ja immer noch

Morr und Knaggi. Aber auch dort heißt es schon "pommes de terre gratinée" und "scallopine svizzere", und die müssen einfach besser sein, als überbackene Kartoffeln oder Schnitzel mit Käse.

Gemach, gemach Freunde, der Name allein macht noch keine Gaumenfreude. Der Wohlklang der Laute allerdings läßt manchen Leser unbewußt das Wasser im Mund zusammenlaufen, und um diese Vorfreude nicht zu enttäuschen, möchte ich Euch das diesem Brief anhängende, kleine Buch schenken.

Alle Gerichte sind leicht nachzukochen. Ihr braucht bei vielen nur wenig Zeit, manches ist gut vorbereitbar, kann warm oder kalt gestellt werden und ist doch immer schmackhaft. Alle Vorschläge sind als Menü's gedacht, scheut Euch aber nicht, einzelne Gänge auszuwählen oder vielleicht einmal anders zu kombinieren.

Da manche Beilagen, wie etwa Obst, Gemüse oder Salate, nur zu bestimmten Jahreszeiten zu kaufen sind, habe ich außer den Sternzeichenverbindungen auch den jeweiligen Monat als Auswahlkriterium mit einbezogen.

Mengenangaben sind stets auf vier Personen ausgerichtet.

Dieses Kochbuch will und kann nicht konkurrieren mit den Büchern der Nouvelle Cuisine, geschrieben von Meisterköchen der 'Stern-Mützen-Klasse' oder ihren Ghostwritern. Es kann auch nicht mithalten mit Claudia Maria Esches (wer ist das eigentlich?) Jahresvorschlag zur "Neuen deutschen Küche '90", den ich Euch aber, mit kleinen Veränderungen, nicht vorenthalten will:

Januar

Auszug vom halblebenden Fasan unter Gänse lebernockerln

Februar

Reingelegtes Kotelett von der abge-
schossenen Bröseltaube vor Basilika-
sahnehäubchen

März

Wildgebeizter Texaswhirlpoollachs
an geharzter, frischer Bärenmarkecreme

April

Ökologisches Gespräch von zwei Saucen
zwischen vier Wachtelbrüstchen im
Drei-Eier-Teig

Mai

Mürbgeschlagene, römische Schweine-
fleets im Blätterteighandschuh

Juni

Consommé von Malossol Beluga
über Glasnost-Nockerln

Juli

Altniederbayrischer Jungferkelrücken
unter dunklem Weißbierschaum...

... mein Gott, ist das Jahr lang,
da gehen dem 'Speisenschöpfer'
die Ortspronomina aus. Wie wär's

mit   ... neben Rohstoffklößen ?
                    August
Junges Kapaunenherzchen auf
untergebutterter Vollkornnudel

und so weiter bis zum
                    Dezember
Duell vom Seewolf und vom
Steinbeißer im cremigen Überzug

Nein, Nein !
Dieses Buch soll Euch lediglich
anspornen, einfach zu kochende,
aber garantiert wohlschmeckende
Gerichte auszuprobieren und
den heimischen Speiseplan —
unter dem leichten, lenkenden
Druck der Sterne — zu erweitern.
Viel Spaß dabei

                    Euer Klaus

Liebe Freunde, wer von Euch er-
innert sich an das Musical
"Hair" und das Lied 'This
is the dawning of the age of
Aquarius'?
Die Astronomen erklären uns,
daß der Frühlingsknotenpunkt
(in ihm steht die Sonne zur
Zeit der Frühling-Tagundnacht-
gleiche, er errechnet sich als
Schnittpunkt des Himmelsäquators
mit der Sonnenbahn) ganz langsam durch die Sternbilder in
Sonnenbahnnähe wandert. Er
hält sich ungefähr 2100 Jahre in
einem Sternbild auf.
Wir leben nun auf der Schwelle
zu einem neuen kosmischen
Zeitalter. Das Sternzeichen der
Fische wird vom Wassermann
abgelöst, der die Menschheit in
den nächsten zwei Jahrtausenden
regieren wird. Die Theorie der
kosmischen Zyklen spricht vom

Neuen Zeitalter der universellen
brüderlichen Liebe.
Der Mensch nimmt Energien in
sich auf, wandelt sie – und sich –
und gibt Energien ab.
   Auch Essen und Trinken halten
die Schwingungen, die Harmonie
des Individuums in Ordnung.
So wie die einzelnen Instrumente
eines Orchesters aufeinander
abgestimmt sein müssen, soll die
Musik vollendet erklingen, so
ist es auch bei der Zusammenstellung von Speisen, der Kom-
position von Menüs. Nach dem
Verzehr sollen Körper und Geist
des Menschen eine zufriedene,
ausgeglichene Harmonie ver-
spüren.
Ich glaube, daß, so wie jede
Farbe des Spektrums ihre eigene
Schwingung hat, jede sorgfältig,
mit Bedacht und Liebe zubereitete
Speise ihren eigenen, uns überzeugenden

und erfreuenden Rhythmus be-
sitzt. Wenn Essen und Trinken
über das bloße Sättigen, über
das einfache Stillen von Hunger und
Durst hinausgehen, wird das
Kochen zur Kunst, zum Beweis
von Zuneigung und gegenseitigem
Verstehen. Folglich ist es von ent-
scheidender Bedeutung, daß Ihr,
wenn Ihr für diejenigen kocht,
die Ihr gerne um Euch habt,
immer daran denkt, daß Kochen
ein Grundelement der Kommunikation zwischen Menschen darstellt.
Es soll also, wenn irgend möglich,
keine lästige Pflicht sein, keine
falsch verstandene 'niedrige'
Dienstleistung.

Unsere patriarchalische Gesellschaft weist seit Jahrhunderten
der Frau die Aufgabe des Haus-
halts, und damit auch die des
Kochens, zu. Selten wird die
Bewältigung dieser Aufgabe ihrem

Aufwand gemäß gewürdigt, bei
der Weihnachtsgans vielleicht oder
beim Karfreitagsfischessen.
Schlimmer noch, als ein leider
immer noch gepflegtes Relikt aus
der Vergangenheit, werden Männer
als die wirklich großen Köche
akzeptiert und entprechend ver-
ehrt. Bocuse, Witzigmann oder
Schuhbeck kennt heute jeder.
'Götter in weißer Schürze'!
   Wir Männer sollten uns bemühen,
die Kochkunst und -pflicht
unserer Frauen wieder richtig zu
erkennen und zu bewerten.
Und die Frauen dürfen sich
nicht länger in die Rolle des
kochenden 'Dienstmädchens'
drängeln lassen. Aber ich will
keinen Artikel für "Emma"
schreiben sondern eigentlich ein
Kochbuch für Sie und Ihn.
Also zurück zum Thema:
   Der Genuß von überall

zubereiteten Speisen verbindet
Gast und Koch, läßt sie einander
verstehen, erfreut sie beide und
gibt ihnen Kraft und Energie.

Wer hat nicht schon beim
Lesen der oft so schwierigen Auswahl von der Speisekarte in sich
Schwingungen verspürt, die Reaktion
seines Inneren bei der bloßen Vor-
stellung der Köstlichkeiten ge-
fühlt? Wie mag dieser Gleichklang
erst während und nach dem Essen
sich entwickeln, sich steigern und
zur entgültigen Zufriedenheit
führen!

Im folgenden möchte ich Euch
aber nicht nur Kochrezepte vorstellen, sondern versuchen, Euch
eine 'Wissenschaft - ob das Wort
wohl paßt? - ein wenig näher
zu bringen, mit der ich mich in
den letzten Jahren vermehrt be-
schäftigt habe, und bei der ich
glaube, eine deutliche Verbindung

zur Kochkunst besteht:

die Astrologie.

Das hat für mich nichts zu tun mit diesen schrecklichen Illustrierten-horoskopen!

Ich halte es für unbedingt not-wendig, daß man immer vor Augen hat, daß die Sterne den Menschen nicht zwingen, sie machen geneigt. Jedem Sternbild haftet eine ge-wisse Grundstimmung an, auch wenn die 'Obertöne' wechseln. Das heißt, daß nicht etwa alle Fische und alle Zwillinge gleichge-schaltet sind, und nur so und nicht anders reagieren können, nur diese oder jene Speise lieben, andere wiederum überhaupt nicht mögen. Nur, das Wollen und das Fühlen, der Geschmacks- oder auch der Geruchssinn neigen sich in eine bestimmte Richtung. Dies zu wissen, dient der Selbsterkenntnis. Die Verschiedenartigkeit der

Charaktere innerhalb eines Stern-
zeichens steht aber außer Frage.

So regiert also die Astrologie in
gewissem Sinn die Kochkunst, die
Auswahl und Zusammenstellung
von Speisen und Getränken durch
allgemeine Richtlinien und nicht
durch strikte Vorschriften.

Korrespondenzen dieser Art —
auch von Krankheiten, Tieren,
Ländern, ja sogar Parfüms —
finden wir schon bei dem
alexandrinischen Astronomen
Ptolemäus (ca 100-160).
Zur Zeit des Kaisers Nero (54-68)
beschreibt der römische Schriftsteller Petronius in seinem ironisch-
satirischen Roman "Satyricon" das
üppige Gastmahl des Trimalchion.
Dieser lädt seine Freunde zu einem
'kosmischen Gelage' ein. Der riesige
Tisch wird als 'runde Maschine'
bezeichnet, "... in welcher die
zwölf himmlischen Zeichen in

einen Kreis angeordnet waren, auf deren jedes der Künstler eine Speise gelegt hatte, welche ihm zukam. Auf den Widder Kichererbsen, auf den Stier ein Stück Ochsenfleisch, auf die Zwillinge Hoden und Nieren, auf den Krebs eine Krone, auf den Löwen eine afrikanische Feige, auf die Jungfrau einen Schinken, auf die Schalen der Waage eine Pastete und einen Kuchen, auf den Skorpion ein Seefischchen, auf den Schützen einen Hasen, auf den Steinbock eine Meerspinne, auf den Wassermann eine Gans, auf die Fische zwei Barben..."

Die Zuordnung von Nutzpflanzen und Speisen zu den Tierkreiszeichen war also schon in der Antike bekannt.

Für mich zeigt sich eine wichtige Beziehung zwischen der Astrologie und den Speisen besonders am

Valentinstag, dem Tag der Lieben-
den. Dann steht die Sonne stets
im Wassermann, dem Zeichen des
Feinschmeckers. Die Aphrodisiaka,
die erotisierenden Speisen, kennen
wir aus uralter Überlieferung – vieles
ist wohl auch bloße Erfindung – aber
auch aus unserer näheren Geschichte.

Austern, Spargel und Bohnen gehören wie Basilikum oder, in beson-
derem Maße, Schokolade zu den
Speisen mit vielen erotischen und
amourösen Assoziationen.
Madame Dubarry, die Mätresse
Ludwigs XV., bot allen ihren Lieb-
habern Schokolade an, Casanova
trank Schokolade sogar an Stelle von
Champagner. Letzterem soll er allerdings ebenso häufig zugesprochen
haben, allerdings erst nach dem
'Schäferstündchen'. Als die
Pompadour ihren Geliebten eine
pikante Selleriesuppe servierte,
konnte sie nur ahnen, daß Sellerie

beim Kochen einen Stoff freisetzt, der
den Pheromonen oder Ektohormo-
nen ähnelt, chemischen Substanzen,
die der Kommunikation von vielen
Individuen untereinander dienen
und Sozialfunktionen kontrollieren.
Ähnlich wie Markierungsstoffe wie
z.B. Moschus scheiden manche
Tiere diese Substanzen aus, um
das andere Geschlecht anzulocken.

Im Grunde aber wirkt jedes
gute Essen aphrodisisch, da es
Streß abbauen und das sinnliche
Bewußtsein fördern kann.

Marsilio Ficino, italienischer
Philosoph und Historiker aus
Florenz, behauptete, die beste
Medizin gegen vom Saturn verur-
sachte Krankheiten, wie z.B. psychische
Verstimmungen oder Depressionen,
sei eine starke Dosis des Planeten
Venus. Diese beschaffe man sich am
besten dadurch, daß man "nach
Herzenslust ißt und trinkt und

sich danach mit dem anderen Geschlecht vergnügt." Das würde "...jeden aufheitern, es sei denn, er liege im Sterben..."

Ihr seht auch hier die enge Verbindung zwischen Ernährung, Liebe und Astrologie.

Für mich ist es nun darüber hinaus ein wichtiges Prinzip, daß ich bei der Herstellung des Zusammenhangs zwischen der kosmischen Schöpfung und der Ernährung des Menschen dicht am jahreszeitlichen Rhythmus der Natur bleibe.

Im Frühjahr werde ich, um den Körper nach langer Winterkost zu entschlacken, ihn aus seinem Vitaminmangel befreien und frische Gemüse und Salate verwenden. Ätherische Öle, verantwortlich für den Speichelfluß, Appetit, Magensäure und Verdauung machen z.B. jungen Kopfsalat bekömmlicher. Es folgen

die blutbildenden Blattgemüse
des Sommers, Spinat oder Mangold.
   Wichtig für den Herbst sind
die süßen Früchte, die dem Körper
die nötigen Vitamine zuführen,
und so die Abwehrkräfte für die
kalte, nasse Jahreszeit mobilisieren.
   Erdbeeren im Januar und
Spargel im Dezember sind mir
ein Greuel und in gewisser Weise
ein Zeichen für die Entfremdung
des Menschen von der Natur.
Die sogenannte 'Neue Küche'
vergißt diese Zusammenhänge
leider sehr häufig. Auch deshalb
heißt es für Euch jetzt:

   "Planeten in den
           Kochtopf"

Einige grundsätzliche Kochtips im Voraus:

Lest bitte die Rezepte für die einzelnen Menüs spätestens zwei Tage vor dem großen Essen genau durch, eventuell muß z.B. Fleisch mariniert werden. Ich habe bei allen Gerichten mit einem * angemerkt, wenn sie sich gut vorbereiten lassen. Im jeweiligen Rezept wird noch gesondert darauf hingewiesen. Versucht, soweit als möglich parallel zu kochen, also etwa die Spätzle zu schaben, während der Braten im Rohr ist. Das erfordert eine gewisse Übung aber es verhindert Stress und Zeitdruck während des Kochens. Ruhig einmal einen Topf von der heißen Platte schieben um Zeit zu gewinnen. (ein bloßes Zurückdrehen der Hitze wirkt sich erst viel später aus) Wenn Speisen länger warm zu stellen sind, dann deckt man das betreffende Gefäß mit einer Alufolie gut ab! Teller für warme Speisen sollen grundsätzlich immer auf etwa 35-40°C erwärmt werden. Wenn kein Platz im Backrohr ist, legt man sie einfach kurz in heißes Wasser.

Zwischen den einzelnen Gängen ist es ratsam, eine Pause von etwa fünf bis zehn Minuten einzuhalten, das ist gut für die Verdauung und gibt den Geschmacksnerven Zeit sich zu beruhigen und umzustellen. Schließlich soll auch eine angeregte Unterhaltung nicht gleich wieder unterbrochen werden.

Serviert ihr Weißwein, denkt daran, genügend Flaschen gut gekühlt zu haben. Bei Rotwein werden mindestens zwei Flaschen eine Stunde vor dem Essen entkorkt. Die Serviertemperaturen der Weine findet Ihr bei dem jeweiligen Menü. Zu Rotweingläsern gehören immer Wassergläser und ausreichend kohlensäurefreies Mineralwasser auf den Tisch.

Stets Weiß- oder Schwarzbrot bereit halten und nicht vergessen, die Teller schön anzurichten, zunächst kleinere Portionen zu servieren und lieber mehrmals nachzulegen.

WIDDER

Planet: Mars
Element: Feuer
Farbe: rot
Körperteil: Kopf

Der Widder ist als Tierkreiszeichen sicher nicht von den Babyloniern übernommen worden, sein Vorbild war wohl das ägyptische Bild des widderköpfigen Gottes Ammon.

Wenn der Frühling beginnt, passiert die Sonne das Zeichen des Widders zwischen dem 21. März und dem 20. April. Ähnlich unruhig und unberechenbar wie der April ist oft auch der Widder. Er steckt voller Selbstvertrauen, Tollkühnheit, Leidenschaft und Ungeduld. Häufig will er mit dem Kopf durch die Wand.

Der Einfluß des Mars erhöht die explosive, temperamentvolle, reizbare,

WIDDER
21.3.–20.4.

bisweilen autoritäre Tendenz des Widder-Menschen. Insbesondere die Widder-Frau sucht in der Ehe ihre Selbständigkeit, ist ich-betont und selbstbewußt; das Heimchen am Herd will sie nicht sein. Menschen, die unter dem Zeichen des Widders geboren sind, schätzen das schnell gekochte Essen. Insbesondere scharfe, feurig gewürzte Grill-speisen sind gefragt.

Sehr heiß auf den Tisch (die beliebte Dekorationsfarbe ist Rot) müssen Lamm und Ziege kommen, vorher zwei Tage in delikater Kräuter-Ölmarinade eingelegt, dann gebraten oder gegrillt. Paprika, Zwiebeln, Tomaten, Karotten und Rettich gehören zu den Marspflanzen, die auch mit dem Tierkreiszeichen des Widders harmonieren. Diese frischen Ge-müse sollen den Vitaminmangel

ausgleichen und so die Frühjahrs-
müdigkeit vertreiben.
Alle scharfen und anregenden
Kräuter, Pfeffer, Senf, Meerrettich
oder Knoblauch würzen die Widder-
Speisen.

Schwierig wird es bei fruchtigen
Desserts, da dem Widder selbst
keine Früchte zugeordnet werden,
und auch der Mars nur mit sehr
wenig Obstsorten in Verbindung
gebracht wird.
Der englische Arzt Nicholas Culpeper
beschäftigte sich im 17. Jhd. intensiv
mit der Astrologie der Pflanzen.
Auf Grund seiner Untersuchungen
ordnet er beispielsweise die Brennessel
und den Rhabarber, ebenso wie die
Stachelbeere dem Widder zu. Bei
ersterer ist vor allem die Heilkraft
wichtig, beim Rhabarber schätzt der
Widder besonders den säuerlichen
Geschmack und die rote Farbe.
Auch Mehlspeisen, wie Salzburger Nockerln

oder Grießflammeri lassen das
Widder herz höher schlagen.

In einem Punkt ist beim Widder-
Gast allerdings Vorsicht geboten.
Da er stets unter Zeitdruck steht
und alles gern in sich hineinschlingt,
sollte der Gastgeber versuchen, eine
ruhige Atmosphäre zu schaffen.
Längere Pausen zwischen den
einzelnen Gängen oder ein angeregtes
Gespräch helfen hier bestimmt. Wer
einen eigenen Garten hat, sollte vor
dem Essen einen kleinen Rundgang
machen. Damit kommt man dem
Verlangen des Widders nach körper-
licher Bewegung zur 'Ausarbeitung'
psychischer Streßzustände entgegen.

Wenn Löwe, Schütze, Zwilling oder
Wassermann mit der schnellebigen
Art, dem oft rasch verglühenden
Feuerwerk des Widders zurecht-
kommen, sind sie die geeigneten
Partner, Köche oder 'Mitesser.' —

Menüvorschlag

Tomatensuppe mit Weißbrotcroutons und Sahnehäubchen

Lammkeule im Kräutermantel
Paprikastreifen und Kartoffelplätzchen

Mandelparfait mit Marsala –
Rhabarberkompott

Dazu ein junger, leichter,
traubiger Rotwein:
Französischer Beaujolais-Villages, Côtes du Rhône,
Spanischer Rioja
Temperatur: 16° C

Tomatensuppe mit Weißbrotcroutons
und Sahnehäubchen

1 Pfund vollreife Tomaten (keine Fleischtomaten)
1/2 ltr. Kalbfleischfond (oder fertigen Fond aus dem Glas)
2 Scheiben Baguette
4 cl trockener Rotwein
1 Zwiebel (50 g)
2 Knoblauchzehen
1 Bund Basilikum
3 Lorbeerblätter
20 g Butter
1 EL Olivenöl
1/8 ltr. süße Sahne
Salz, schwarzer Pfeffer aus der Mühle

Tomaten waschen, Stengelansatz herausschneiden, kurz in
heißes Wasser legen und häuten. Zwiebel schälen und klein
würfeln. In Olivenöl glasig dünsten. 1 Knoblauchzehe schälen
und zusammen mit den Tomaten und den Lorbeerblättern dazugeben. Fünf Minuten köcheln lassen, dann den Kalbsfond und
den Rotwein angießen und in 30 Minuten auf etwa 70 % reduzieren. Mit Pfeffer und Salz abschmecken. Baguette würfeln und
mit der zweiten, kleingehackten, leicht gesalzenen Knoblauchzehe in wenig Butter anrösten. Sahne mit einer Prise Salz steif
schlagen. Basilikum waschen, bis auf 4 Blätter (zum Garnieren
aufheben) kleinhacken und kurz vor dem Servieren in die
Suppe mischen. Suppe in vorgewärmten Tellern anrichten,
Weißbrotcroutons darüberstreuen, mit einem Sahnehäubchen
und einem Blatt Basilikum pro Teller dekorieren. Gut warm,
aber nicht heiß, servieren.

Lammkeule im Kräutermantel
Paprikastreifen*
Kartoffelplätzchen

1 Lammkeule (ca. 1000 g , vorher auslösen lassen)
40 g Bratfett
2 Knoblauchzehen
1 Suppengrün
1/8 ltr. Fleischbrühe
1/8 ltr. trockener Rotwein
20 g Mehl
2 EL Semmelbrösel
1 Eigelb
1 Bund Petersilie
Rosmarin, Thymian, Estragon, Kerbel (was der
eigene Garten oder der Gemüsehändler hergeben;
insgesamt ca. 1 Bund)
1/4 feingehackte Zwiebel (15 g)
3 EL Sauerrahm

Lammkeule waschen, trockentupfen und mit Pfeffer und Salz
einreiben. Fett in einem Bräter erhitzen und das Fleisch von
allen Seiten 10 Minuten gut anbraten. Das Suppengrün dazugeben, mit der Fleischbrühe und der Hälfte des Rotweins
aufgießen. In den auf 200 ^{0} C vorgeheizten Backofen schieben
und gut 1 Stunde braten. Zwischendurch mit Bratfond übergießen. Bei Bedarf wenig heißes Wasser zufügen. Kräuter
waschen und verlesen, im Mixer kleinhacken. 3/4 davon mit
Semmelbröseln, Eigelb, feingehacktem Knoblauch und ein
wenig Olivenöl mischen bis sich eine streichbare Masse ergibt.
Keule aus dem Bräter nehmen und mit dem Kräutergemisch
bestreichen, 10 Minuten bei eingeschaltetem Grill überbacken.
Lammkeule herausnehmen und warm stellen. Den restlichen
Rotwein in die Sauce geben und auf etwas mehr als die Hälfte
einkochen. Sauerrahm und übrige Kräuter dazurühren, mit Salz
und Pfeffer abschmecken; nicht mehr kochen!

je 1 rote, grüne und gelbe Paprika (mittelgroß)
1 EL Olivenöl
Pfeffer, Salz, Zucker
2 EL trockener Rot- oder Weißwein
2 EL Wasser

Paprika waschen und in Streifen schneiden. Olivenöl in einer Pfanne erhitzen, Paprikastreifen anbraten, mit Pfeffer und Salz würzen. Wein und Wasser aufgießen und bei milder Hitze ca. 15 Minuten köcheln lassen. Dann erhitzen bis die Flüssigkeit fast ganz eingekocht ist. 1EL Zucker über den Paprika streuen und ständig wenden, bis der Zucker eine hellbraune Farbe annimmt. Alles abkühlen lassen und lauwarm servieren. Paprika farblich abwechselnd anrichten.

3 festkochende Kartoffeln (ca 400 g)
2 mehlige Kartoffeln (ca 300 g)
1 Eigelb
Pfeffer, Salz, Muskat
Mehl
Fett zum Backen

Mehlige Kartoffeln weich kochen, abkühlen lassen und schälen. Fest kochende roh schälen. Beides in ein Gefäß reiben, Eigelb darunter mischen, mit (wenig) Salz, Pfeffer und Muskat würzen und soviel Mehl dazu geben, bis die Kartoffelmasse leicht bindet. In heißem Fett fünfmarkstückgroße, knapp 1 cm dicke Plätzchen herausbacken und warmstellen.

Auf vorgewärmten Tellern eine Scheibe Lammkeule, Paprikagemüse und 2 Kartoffelplätzchen anrichten, Sauce nur um das Fleisch spiegeln und sofort servieren!

Mandelparfait* mit Marsala-Rhabarberkompott*

1/8 ltr. Milch
80 g fein gemahlene Mandeln
1 Eigelb
60 g Zucker
1/2 Vanillestange
1/4 ltr süße Sahne
20 g Butter
Zitronenmelisse zum Garnieren

In einem Topf die Hälfte der Milch mit der Vanillestange
aufkochen, dann die Stange herausnehmen, das Mark heraus-
kratzen und in die Milch geben. Die Mandeln dazumischen und
etwa 1/2 Minute bei mittlerer Hitze einkochen. Vom Herd
nehmen. Eigelb und Zucker mit dem Schneebesen im Wasserbad verrühren, die restliche Milch erhitzen und unter Rühren zu
dieser Masse geben bis alles eindickt. Gefäß aus dem Wasserbad
nehmen und die Mandelmasse unterrühren. Unter gelegent-
lichem Umrühren gut abkühlen lassen. Die Sahne schlagen und
vorsichtig unter die erkaltete Mandelmasse heben. Damit vier
ausgebutterte Puddingformen füllen und etwa 6 Stunden ins
Gefrierfach stellen. Vor dem Servieren die Formen kurz in
heißes Wasser tauchen und das Parfait auf gekühlte Teller
stürzen.

400 g rotstieliger Freilandrhabarber
160 g Zucker
1/2 Zimtstange
4 cl Marsala
1 Messerspitze abgeriebene Zitronenschale

Rhabarber putzen und waschen, die Schale abziehen, in etwa
2 cm große Stücke schneiden. Mit dem Zucker, der Zimtstange,
der geriebenen Zitronenschale und dem Marsala in einem Topf
zum Kochen bringen. Nach 5 bis 8 Minuten, die Rhabarber-
stücke dürfen nicht zerkochen, die Zimtstange herausnehmen.
Das Kompott gut kühl stellen. Danach um die gestürzten
Mandelparfaits anrichten und mit einem Blatt Zitronenmelisse
garnieren.

Notizen

STIER

"Ich habe"

Planet: Venus
Element: Erde
Farbe: blau
Körperteil: Hals

Schon in babylonischer Zeit
(etwa 2000 v. Chr.) ist der Name 'Stier'
als Sternbild bekannt. Er ist ein
festes, weibliches Erde-Zeichen.
Ruhe und Gelassenheit sind
auffallende Merkmale der über-
wiegenden Mehrheit der Stier-
Menschen. Was sie einmal angefan-
gen haben, führen sie mit großer
Beharrlichkeit und Geduld zu Ende.
Der Stier gilt allgemein als
'Feinschmeckerzeichen'. Die Statistik
zeigt, daß Stier-Menschen sich
in besonderer Weise zu gutem
Essen und Trinken hingezogen
fühlen. Überproportional auch
ist hier der Anteil von Köchen

STIER
21.4.-21.5.

und Konditoren bei der Berufs-
wahl.

Jungfrau- und Steinbockgeborene
sollen sich besonders als Partner
eignen, ebenso Krebse und Fische.
Sie werden die Kochkunst der
Stier-Frau sicher zu würdigen
wissen, und andere, wichtige
Gemeinsamkeiten ergeben sich
schnell während oder nach einem
genüßlichen Abendessen zu
zweit.

Auffallend deutlich manifestiert
sich der Gourmet im Stier und
treibt ihn stets zum Verzehr er-
lesenster Speisen an. Ganz oben
auf der exquisiten Speisekarte
stehen Rebhuhn, Perlhuhn und
Wachteln, die allerdings bei uns
nur im Herbst frisch erhältlich
sind. Besonders geschätzt sind
Rind- und Ochsenfleisch, als
Spickbraten etwa oder als feiner
Tafelspitz. Bevorzugt werden,

da der Stier kalorienbewußt und
teuer lebt, die guten Stücke,
Roastbeef und Filet.
Jegliche Art von Molkereiprodukten,
Milch, Käse, Joghurt, aber auch
alle frischen, süßen Früchte
(Apfel, Kirsche, Aprikose, Traube)
gehören unbedingt in die Küche.

Hier zeigt sich der Einfluß
seiner Herrscherin Venus, der
man eine große Vorliebe für
liebliche, mit Sahne, Likören und
anderen Alkoholika zubereiteten
Nachspeisen nachsagt.

Im Zeichen des Stiers Geborene
'verstehen' sich mit allen frischen,
knackigen Salaten und Gemüsen
(Endivie, Spinat, Blattgemüse).

Verwöhne den Stier zum Ab-
schluß des Menüs mit einem
starken türkischen Mocca sowie
einer exquisiten (selbstgemach-
ten?) Praline.

Insbesondere die Stier-Frau

sucht die Wärme, die Behaglichkeit und die Harmonie. Sie ist den weltlichen Genüssen aufgeschlossen, körperliches Wohlbefinden, eine sinnliche Verbindung zu ihrem Partner sind ihr wichtig.

Hüten müssen schwache Stier-Naturen sich jedoch vor allen Genuß- und Suchtmitteln. Die Anzahl der Abhängigen ist in diesem Sternzeichen sehr hoch.

Beim Essen zusätzlich erfreuen kann man als Gastgeber die Stier-Frau mit leiser, klassischer Hintergrundmusik, mit Blumen im Raum oder als farblich abgestimmten Tischschmuck.

Die dem Stier in der Astrologie zugeschriebene Farbe ist das dunkle Blau. So sollten wir versuchen, diese Farbe in Tischdecken, Geschirr oder Servietten auftauchen zu lassen.

Menüvorschlag

Spinat mit Egerlingen und Speckwürfeln

Rinderspickbraten
Spätzle
Feldsalat

Warme Apfeltarte mit Schlagsahne

Dazu ein feiner, halbkräftiger Rotwein:
Französischer Bergerac oder Arbois
Südtiroler Merlot
Badischer Spätburgunder
Temperatur: 16^0 C

Spinat mit Champignons und Speckwürfeln

500 g Blattspinat (möglichst kleinblättriger deutscher Spinat)
2 EL Olivenöl
150 g Champignons
60 g geräucherter, gut durchwachsener Speck
1/2 Knoblauchzehe
2 EL süße Sahne
Salz, schwarzer Pfeffer aus der Mühle, Muskat
1 Zitrone

Spinat verlesen und in kaltem Wasser gründlich waschen. 2 ltr.
leicht gesalzenes Wasser in einem Topf zum Kochen bringen,
den Spinat etwa 2 Minuten blanchieren und in ein Sieb
abgießen. Knoblauchzehe kleinwürfeln. 1 EL Olivenöl in einem
Topf erhitzen, den Knoblauch andünsten, den abgetropften
Spinat dazugeben und darin wenden. Frischen schwarzen Pfeffer
und eine Prise Muskat dazugeben und warm stellen. Die Champignons putzen und waschen. Die Stengelenden abschneiden
und wegwerfen. Bis auf zwei (zum Garnieren aufheben) alle
Pilze in Scheiben schneiden. Den Speck würfeln und mit 1 EL
Olivenöl in einer Pfanne kräftig anbraten, die Champignons
dazugeben und kurz mitbraten. Die Sahne über den lauwarmen
Spinat gießen und kleine Portionen auf vorgewärmten Tellern
verteilen. Pilze und Speckwürfel auf das Spinatbett legen, mit je
einer Scheibe rohen Champignon und Zitrone garnieren und
servieren.

Tip: Dazu paßt eine Scheibe geröstetes Stangenweißbrot mit gesalzener Butter

Rinderspickbraten* mit Spätzle*
Feldsalat

750 g Rinderbraten (gut abgehangen, besonders eignet sich ein
saftiges Rinderschwanzstück)
60 g geräucherter Speck am Stück
1 Zwiebel (40 g)
1 Bund Suppengrün
1/4 ltr. heiße Fleischbrühe (siehe Notizen)
1/8 ltr. trockener Rotwein
4 EL sauere Sahne
1 TL scharfer Senf
2 cl Cognac
Saft einer halben Zitrone
2 Lorbeerblätter, Salz, schwarzer Pfeffer

Den Speck in ca 1 cm dicke Streifen schneiden, mit Cognac
übergießen und 1/2 Stunde zugedeckt in den Kühlschrank
stellen. Rindfleisch waschen, eventuell häuten, abtrocknen,
pfeffern. Die Speckstreifen mit einer Spicknadel (in Richtung
der Faser) im Abstand von etwa 3 cm in das Fleisch spicken.
Den so vorbereiteten Braten in einer Reine mit der Rotwein –
Zitronensaftmischung übergießen, die Lorbeerblätter dazugeben
und zugedeckt 24 Stunden in den Kühlschrank stellen (mehrmals wenden). Das marinierte Fleisch herausnehmen, mit
Haushaltspapier abtrocknen und mit wenig Salz einreiben. Die
Marinade in eine Schale gießen und aufheben. Öl in einem
Bräter erhitzen. Fleisch von allen Seiten kräftig anbraten.
Suppengrün waschen und in große Stücke schneiden. Zwiebel
schälen und halbieren. Alles in den Bräter geben und etwa
3 Minuten kräftig mit anrösten. Die Fleischbrühe angießen. Den
Backofen auf 180° C vorheizen und den Bräter auf die mittlere
Schiene schieben. Während der Bratzeit von etwa 100 Minuten
mehrmals mit Bratfond übergießen. Das Fleisch herausnehmen
und warm stellen. 1/3 der Marinade angießen, den Senf in die
Sauce rühren, auf dem Herd aufkochen und den Bratsatz vom
Bräterboden lösen. Auf die Hälfte einkochen, die sauere Sahne

unterrühren. Die Sauce durch ein Sieb passieren, mit Pfeffer und Salz abschmecken und warm stellen.

300 g Mehl
3 Eier
1 TL Salz

Mehl, Eier und Salz mit 2 EL Wasser in einer Schüssel zu einem Teig vermischen, mit einem Holzlöffel schlagen bis er weich und elastisch ist und Blasen wirft. Etwa 10 Minuten zugedeckt ruhen lassen. 2 ltr. Wasser in einem Topf zum Kochen bringen. In einem zweiten Topf 1 ltr. heißes, leicht gesalzenes Wasser vorbereiten. 2 EL Teig auf ein Holzbrett mit Handgriff geben. Das Brett vorne kurz in das kochende Wasser tauchen, dann den Teig mit einem leicht schräg gestellten breiten Messer nach vorne in den Topf schaben. Vier- bis fünfmal wiederholen, aufkochen lassen. Wenig kaltes Wasser zugießen und nochmals aufkochen lassen. Mit einem Schaumlöffel die Spätzle herausnehmen und in den zweiten Topf geben. Nach etwa 5 Minuten entgültig herausnehmen, gut abtropfen lassen und warm stellen.

150 g Feldsalat
1 Tomate
50 ml Marinade (siehe Krebs – Vorspeise)
2 Schalotten

Schalotten schälen und klein würfeln, in die Marinade geben. Feldsalat verlesen und mehrmals gut waschen. Abtropfen lassen und kurz vor dem Servieren (auf Salattellern) in die Marinade geben. Tomate waschen, den Strunk herausschneiden.
Die Tomate vierteln und mit dem Feldsalat anrichten.

Tip: Das Fleisch mit dem Elektromesser in schmale Scheiben schneiden.

Warme Apfeltarte* mit Schlagsahne

500 g säuerliche Äpfel
125 g Mehl
70 g Butter
1 EL Zucker
1 Eigelb
1 Prise Salz
Saft einer 1/2 Zitrone
1 cl Calvados
3 EL Apfelgelee
Butter für die Form

200 g süße Sahne

Die Äpfel schälen, vierteln und das Kerngehäuse herausschneiden. Die Apfelviertel in dünne Scheiben schneiden und
mit dem Zitronensaft beträufeln. Zugedeckt ziehen lassen.
Das Mehl in eine Schüssel geben, eine Mulde formen. Die
Butter in Flöckchen schneiden und zusammen mit dem Eigelb,
Salz, Zucker und 2 EL Wasser hineingeben. Zu einem Teig
verkneten (leichter geht es mit dem Knethaken des Handmixge-
rätes). Zugedeckt 20 Minuten ruhen lassen.
Eine Tarteform (Springform) mit 10 g flüssiger Butter
ausstreichen, den Teig mit den Händen hineindrücken, dabei
einen etwa 2 cm hohen Rand formen. Die Apfelscheibchen
schuppenartig auf den Teig legen. Das Apfelgelee und den
Calvados langsam in einem Topf erwärmen und flüssig werden
lassen. Die Äpfel damit bestreichen.
Die Formen in den Backofen schieben, auf 200° C schalten und
30 - 35 Minuten backen.
Die Sahne mit einer Prise Zucker steif schlagen.
Die fertige Tarte aus dem Ofen nehmen. Kurz vor dem
Servieren nochmals 3 Minuten in das heiße Rohr schieben. In
Stücke schneiden und mit der Sahne warm servieren.

Notizen

ZWILLINGE

"Ich denke"

Planet: Merkur
Element: Luft
Farbe: grau
Körperteil: Schultern

Das genaue Alter des Sternbildes
Zwillinge ist nicht bekannt,
vielleicht haben die babylonischen
"großen Zwillinge" hier Pate ge-
standen. Astronomische Keil-
schriften deuten darauf hin.
"Eigener Herd ist Goldes wert".
Ein völlig unpassendes Sprichwort,
wenn es um den Zwilling geht.
Dieses Sternzeichen ist ein Problem
für mich als Kochbuchautor, weil
der Zwilling lieber über gutes
Essen spricht oder liest, als daß
er es selber zubereitet. Hoffent-
lich motivieren ihn die ausge-
wählten Rezepte.
Passiv dagegen, als Gast nämlich,

ZWILLINGE
22. 5.-21. 6.

Baldrian Wacholderbeere Kümmel

ist er etwas geduldiger. Er läßt
sich gerne bekochen. Abwechslung,
Einfälle und ausgefallene Zubereitung sind gefragt, wenn
man den Zwilling erfreuen will.
Normalerweise verzehrt er ein
'schnelles' Sandwich während
eines Spaziergangs, beim Zeitung-
lesen oder Fernsehen. Im
Restaurant interessieren ihn oft
vor dem Fenster vorbeieilende
Passanten oder der hektische
Straßenverkehr mehr als das
Essen auf seinem Teller.
Sehen wir es ihm nach. Mit
seinem Charme und Intellekt,
mit seiner 'umwerfenden'
Offenheit zieht er uns ja doch
wieder in seinen Bann.
Bei der Auswahl der Speisen hilft
uns Merkur, der Herrscher über
alle schnellen Tiere des Waldes.
Er regiert das Wildbret. Reh,
Hirsch oder Hase, köstlich mariniert

und mit sämigen Soßen serviert,
sind genau das richtige für den
Zwilling. Als Beilagen harmonieren
Salate, Gurke, Sellerie und
Karotte mit wohlschmeckenden,
duftenden Kräutern wie Dill,
Majoran, Bohnenkraut, Petersilie
und Kümmel.
Ist Euch bekannt, daß Dill und
insbesondere Bohnenkraut
tiefliegende Leidenschaften auf-
brechen lassen, seelisch und
körperlich erregend wirken?
Nun, womit kann man den
Zwilling-Menschen sonst noch
an den Eßtisch locken?
Geflügel wie Fasan, Rebhuhn,
Ente oder Gans mit den ver-
schiedensten Kartoffelgerichten
(kein Püree!) kommen seinem
Geschmack entgegen.
Reizen wir seine angeborene
Neugier durch raffinierte Zu-
bereitungsformen bei den

Desserts. Bevorzugt werden Nachspeisen mit Nüssen (Walnuß,
Haselnuß, exotische Nüsse) oder
mit heimischen Kernfrüchten
(Kirsche, Pflaume, Mirabelle)
besonders in Creme- oder
Puddingform, in jedem Fall aber
gut gekühlt.
Was haltet Ihr von einem mit
Cognac flambierten Walnußeis
und dazu ein geschmeidiges,
selbstgemachtes Pflaumenmus?

Eine hellgraue Tischdecke mit
silbernen Kerzenleuchtern und
dunklem Geschirr stimmen den
Zwilling auf ein großes Essen
ein.
In Verbindungen mit Wassermann,
Löwe oder Widder begegnen
sich dem Zwillingscharakter wesens-
verwandte Seiten. Geht es lediglich um sein Sonnenzeichen, dann
findet er in der Waage das beste
Gegenstück zu seinem Temperament.-

Menüvorschlag

Gurkensuppe mit Petersilie – Dill – Flocken

Gebratene Fasanenbrüstchen
Weinkraut
Aufgeblasene Kartoffeln

Kirsch – Rotwein – Grütze

Dazu ein mittelschwerer, reifer Rotwein:
Spanischer Rioja Tinto
Französischer Graves, Fronsac, St. Emilion, oder Pommard
Temperatur: 18^{0} C

Gurkensuppe mit Petersilie-Dill-Flocken

2 - 3 Gärtnergurken (ca. 600 g)
1/2 ltr.
Fleischbrühe
1 Schalotte (30 g)
1 Eigelb
2 EL süße Sahne
4 cl trockener Weißwein
1 EL Olivenöl
Salz, frisch gemahlener Pfeffer, Muskat
je 1 Bund Petersilie und Dill
20 g Butter
30 g Mehl
1 Eigelb, 1 Eiweiß
Salz, Pfeffer
zum Garnieren: 4 Blüten der Kapuzinerkresse (kann man mitessen, ein
schöner Farbtupfer bei vielen Gerichten)

Gurken schälen, der Länge nach halbieren und entkernen, in kleine Würfel schneiden. Schalotte schälen, fein würfeln und in einem Topf im heißen Olivenöl glasig dünsten. Weißwein und 1/4 ltr. Fleischbrühe angießen und auf etwa 3/4 reduzieren. Die Gurkenwürfel mit 2 EL Brühe im Mixer kräftig pürieren und das Gemisch mit dem Schneebesen in die Suppe rühren. Petersilie und Dill waschen, entstielen und fein hacken. Etwas Dill zum Garnieren zurückbehalten. Für die Flocken die vorgewärmte Butter schaumig rühren, Eigelb verquirlen und dazugeben. Nach und nach das Mehl untermischen, leicht salzen und pfeffern. Den entstehenden Teig mit den gehackten Kräutern im Handmixgerät vermischen. Das Eiweiß steif schlagen und unterheben. Von dem cremigen Teig mit einem Teelöffel eine Probeflocke abstechen, in die aufkochende Suppe geben. 10 Minuten ziehen lassen und probieren. Eventuell dem Teig etwas Mehl zufügen. Die restlichen Flocken garen, mit einem Schaumlöffel herausnehmen und warmstellen.
Die Brühe durch ein Sieb in einen Topf passieren. Erhitzen aber nicht kochen; das Eigelb und die Sahne verquirlen und langsam mit dem Schneebesen unter die Suppe rühren bis sie leicht sämig wird. Mit Pfeffer, Salz und einer Prise Muskat abschmecken. Auf vorgewärmten Tellern mit je 3 Kräuterflocken und etwas frischem Dill sofort servieren.

Fasanenbrüstchen mit Weinkraut*
aufgeblasene Kartoffeln

2 Fasane (je ca 700 g , Brust vom Händler auslösen lassen,
alle Teile mitnehmen)
1/8 ltr.
Fasanenbrühe oder Wildfond (siehe Notizen)
1/2 Zwiebel (20 g)
1/2 Bund Suppengrün
4 cl trockener Rotwein
3 EL Creme fraiche
2 Champignons (20 g)
2 EL Öl zum Braten
20 g Butter
Salz, Pfeffer

Fasan unter kaltem Wasser abspülen, innen und außen trockentupfen. Wenn der Händler die Tiere nicht zerlegt hat, den Fasan
kurz hinter dem Flügelansatz mit einem scharfen Messer quer
durchteilen. Die Brüstchen auslösen, mit wenig Pfeffer
einreiben und auf die Seite legen. Brustknochen und Flügel
werden für die Sauce verwendet, der Rest der Karkasse und die
Keulen sind für die Fasanenbrühe (siehe Notizen). Suppengrün
und Champignons waschen und in kleine Stücke schneiden. Öl
und Butter in einem Bräter erhitzen, Brustknochen und Flügel
hineingeben und gut anbraten. Dann die Fasanenbrüstchen
dazugeben, bei mittlerer Hitze von beiden Seiten je 1/2 Minute
anbraten. Hitze reduzieren und die Brüstchen auf jeder Seite
noch 5 Minuten weiterbraten. Mit Cognac ablöschen, herausnehmen und zugedeckt warmstellen. Suppengrün und Pilze zu
den restlichen Fasanteilen geben und kurz mitrösten. Wein und
Fasanenbrühe angießen, Bratsatz lösen und Flüssigkeit auf die
Hälfte reduzieren. Creme fraiche dazurühren. Durch ein Haarsieb in einen Topf gießen, mit Pfeffer und Salz abschmecken
und warm stellen.

500 g Sauerkraut
2 Zwiebeln (je 40 g)
1/2 Knoblauchzehe
1 ltr. trockener Weißwein
50 g geräuchertes Wammerl

2 Lorbeerblätter, 1 Thymianzweig
1 EL Schweineschmalz
3 Wacholderbeeren
5 Pfefferkörner
1 EL Apfelmus (1/2 kleinen säuerlichen Apfel pürieren)
1 kleine mehlige Kartoffel (20 g)
Salz, Zucker

Zwiebeln schälen und klein hacken, Knoblauchzehe klein
würfeln. Schweineschmalz in einem Topf erhitzen. Zwiebeln,
Knoblauch und Wammerl dazugeben, 3 Minuten dünsten. Sauerkraut dazugeben, leicht anschmoren und Weißwein angießen.
Lorbeerblätter, Wacholderbeeren, Pfefferkörner und Thymianzweig dazugeben und bei mittlerer Hitze zugedeckt 20 Minuten
kochen. Wammerl und Thymian herausnehmen. Rohe Kartoffel
schälen und in das Kraut reiben. Durchrühren und 8 Minuten
kochen lassen. Das Apfelpüree unterrühren, mit Salz und
Zucker abschmecken. Aufgewärmt schmeckt das Kraut am
nächsten Tag noch besser.

500 g fest kochende etwa gleich große Kartoffeln
Fritierfett
1 Prise Salz

Kartoffeln schälen, in dünne Scheiben (1/2 cm) schneiden.
Fritierfett in einem großflächigen Topf erhitzen (Flüssigkeits-
höhe mind. 2 cm). Kartoffelscheiben hineingeben und so lange
braten bis sie hellgolden sind. Mit einem Schaumlöffel herausholen und auf Küchenpapier auflegen. Fett leicht abtupfen.
Nach etwa 5 Minuten erneut in das heiße Fett geben und
dunkelgolden ausbacken. Herausnehmen, leicht salzen und
sofort servieren.

*Tip: Fasanenbrust innen eher rosig oder leicht blutig braten, da das Fleisch
während des Warmstellens nachgart.*

Kirsch-Rotweingrütze *
mit Joghurtsauce

3/4 ltr. fruchtiger Rotwein
50 - 100 g Zucker (je nach Geschmack)
500 g Kirschen (es eigenen sich besonders große , dunkle Kirschen)
1 Zimtstange
9 Blatt weiße Gelatine
50 g Joghurt
2 EL Crème fraîche
1 Prise Zimt
1 Eiweiß
1 EL Cassis
frische Zitronenmelisse

Kirschen entstielen, waschen und entsteinen. Rotwein und
Zucker mit der Zimtstange in einem Topf zum Kochen bringen.
Die Kirschen dazu geben, aufkochen und etwa 5 Minuten bei
geringer Hitze ziehen lassen. Die Zimtstange herausnehmen.
Die Gelatine in kaltem Wasser 8 Minuten quellen lassen.
Ausdrücken und mit dem Schneebesen in die heiße Flüssigkeit
rühren. In eine große Schale gießen und etwa 8 Stunden im
Kühlschrank kalt stellen.

Für die Sauce Joghurt und Crème fraîche mit dem Cassis und
dem Zimt gut vermischen. Kühl stellen. Eiweiß in einem Gefäß
zu einem festen Eischnee schlagen. Kurz vor dem Servieren den
Eischnee mit einem Schneebesen unter das Joghurt - Crème
fraîche Gemisch rühren, bis es leicht schaumig wird. Die Grütze
auf flache Glasschalen verteilen, je 1 EL Sauce in die Mitte
gießen, mit einem Blatt Zitronenmelisse garnieren und sofort
servieren.

*Tip: Sauerkirschgrütze schmeckt herber, aber auch sehr gut. Wenn die Kirschen
aus dem Glas schon entsteint sind, genügen auch 400 g.*

Notizen

KREBS

"Ich empfinde"

Planet: Mond
Element: Wasser
Farbe: meergrün, milchig-weiß
Körperteil: Magen, weibliche Brust

Der Krebs ist seit 430 v. Chr. nachgewiesen. Möglicherweise sind die zwei Schildkröten eines ägyptischen Bildes mit der Zeit zum Krebs umgewandelt worden, viele Forscher sehen aber auch den heiligen Käfer der Ägypter, den Skarabäus, als Vorbild.
In einem Astrologiebuch habe ich einmal das folgende Urteil über den Krebs gelesen:
Wenn man einen Menschen anruft, der einen tags zuvor bei einer Gesellschaft so ungeheuer fasziniert hat, daß man ihn unbedingt wiedersehen möchte, und dieser einen dann

KREBS
22. 6.–22. 7.

am Telefon anfaucht, was man
überhaupt von ihm wolle, dann
ist er sehr wahrscheinlich ein
Krebs. Wieder einmal ist er von
einer seiner berühmten Launen
in die andere gefallen, hat seit
dem Vortag vielleicht schon mehrmals die Gemütsfarbe gewechselt,
und man hat ihn eben gerade
mit einer schlechten erwischt.
  Nun, empfindlich ist der Krebs
allemal, bequem, bisweilen
ein wenig phlegmatisch, eher
konservativ auch was das Essen
anbelangt. Bevor er etwas Neues
annimmt, prüft er ausgiebig
und sichert sich ab.
Skorpion, Fisch, Jungfrau und
Stier können als Koch leicht
den Grundstock zu einer engeren
Verbindung legen oder auch schon
bestehende Gemeinsamkeiten
mit ihm vertiefen.
Sein Herrscher, der Mond, macht

ihn romantisch oder melancholisch,
aber auch unstet und wankelmütig.
Sanfte Farbtöne (Tischschmuck)
beruhigen ihn.
Insbesondere die Krebs-Frau ist
häuslich, genießt ihr Familienleben.
Weiblichkeit, ja Mütterlichkeit ist
ihre Stärke.
Krebs-Menschen kochen gern. In der
Küche kreativ zu sein ist eine ihrer
liebsten Beschäftigungen - wenn man
einmal vom Essen absieht.
Die Kalorientabelle ist meist ihr
größter Feind, und man muß versuchen, ihre Eßsucht in den
Griff zu bekommen. Oft sprechen
sie auch dem Alkohol in stärkerem
Maße zu. Magen und Nieren sind
bekannte Schwachpunkte ihrer Gesund-
heit.
Was wollen wir dem Krebs nun kochen?
Beeinflußt von seinem Planeten,
dem Mond, bevorzugt er eher milde
Geschmacksrichtungen. Kräuter wie

Ysop, Salbei oder Rosmarin eignen
sich sehr gut, jedoch wenig Salz und
auch Pfeffer nur in Maßen.
Schalentiere wie Hummer, Languste
oder Muscheln schätzt der Krebs besonders, Wasservögel, Gänse oder
Enten und natürlich alle Fische,
insbesondere den Aal. Bei letzterem
sollte er allerdings vorsichtig sein.
Zuviel Fett verträgt sein Magen nämlich nicht. Reis aber auch Kartoffeln
zieht er als Beilage allen Teigwaren
vor. Kopfsalat, Chicorée, Endivien,
Tomaten oder Gurken sind eine will-
kommene Ergänzung des Speisezettels.
   Der Mond, fürsorglich und nährend,
beherrscht Rindfleisch, Kaninchen
und Huhn. Sie bieten dem Krebs
eine gerngesehene Abwechslung.
   Als Nachspeise sind wässrige, saf-
tige Früchte zu wählen, gerne süß,
teilweise im Zuckersirup pochiert,
oder mit einer exquisiten Sabayon.

Menüvorschlag

Majorangnocchi mit Kopfsalat

Gambas in Tomatensauce
Schwarz-weißer Reis
Gedünstete Gurkenstreifen

Pfirsich mit Vanilleschaum

Dazu ein aussagekräftiger, reifer Weißwein:
Französischer Chablis oder Sancerre
Elsässer Riesling
Temperatur: 12^0 C

Majorangnocchi mit Kopfsalat

300 g mehlig kochende Kartoffeln (z. B. Desiree)
100 deutschen Blattspinat
100 g Mehl
etwa 12 Blättchen frischen Majoran (getrockneter geht zur Not auch)
1 kleines Ei
1/2 TL Salz
60 g Butter, frischer Parmesan

Kartoffeln schälen und etwa 20 Minuten in Salzwasser kochen, dann durch eine Kartoffelpresse drücken. Spinat waschen und grob hacken, ebenso die Majoranblätter. Beides mit Mehl, Salz und Ei zusammen mit der Kartoffelmasse zu einem glatten Teig kneten. Etwa 8 Minuten ruhen lassen. Mit bemehlten Händen ungefähr fingerdicke, 2 Zentimeter lange Klößchen formen und diese mit einer Gabel leicht eindrücken. In einem Topf drei Liter Salzwasser zum Kochen bringen, die Gnocchi vorsichtig einlegen. Leicht umrühren und so lange ziehen lassen, bis sie an die Oberfläche kommen. Mit einem Schaumlöffel herausnehmen und abtropfen lassen. Butter erhitzen und über die Gnocchi gießen, Parmesan darüber reiben und mit dem Kopfsalat sofort servieren.

1 kleiner Kopfsalat,
für die Marinade:
150 ml Olivenöl, 150 ml Distelöl
40 ml Aceto Balsamico
60 ml Rotweinessig
100 ml klare Fleischbrühe (kalt)
30 ml trockener Sherry
20 g Zucker, 20 g Salz

Alle Zutaten für die Marinade im Mixer gut durchmischen. Sie hält sich im Kühlschrank etwa 10 Tage. Vor Gebrauch immer gut schütteln. Je nach Salat und Geschmack geben wir jeweils vor dem Servieren frische Kräuter (Maggikraut, Petersilie, Schnittlauch, Basilikum, Dill) und frisch gemahlenen Pfeffer dazu.

Kopfsalat verlesen und waschen, gut abtropfen lassen. Die Marinade (etwa 50 ml) erst kurz vor dem Servieren zufügen.

Gambas mit Tomatensauce
schwarz-weißer Reis*
gedünstete Gurkenstreifen*

16 Gambas (ca. 120 g pro Person)
1/8 ltr. trockener Rotwein
1/8 ltr.
Fischfond
200 g Tomatenpüree
3 cl Cognac
2 cl französischer Vermouth (Noilly Prat)
3 Knoblauchzehen
150 g süße Sahne
1 Zwiebel, 1 Karotte, 1 Stück Sellerie (je 40 g)
2 EL Olivenöl, 20 g Butter
2 Lorbeerblätter
frisches Basilikum
1 Zitrone, Pfeffer, Salz

Gambas gut waschen, die Schalen mit der Schere am Rücken aufschneiden und abziehen. (aufheben !) Darm unter fließendem Wasser entfernen, Gambas mit Küchenpapier trockentupfen, mit Zitrone beträufeln, leicht pfeffern. Knoblauchzehen schälen, klein hacken. Olivenöl in einer großen Pfanne erhitzen, Gambas darin ca 3 Minuten von allen Seiten gut anbraten, Knoblauch dazugeben und eine Minute bei reduzierter Hitze weiterbraten. Gambas herausnehmen und in einer Schale zugedeckt warmstellen. Für die Sauce Gemüse waschen und klein schneiden, Zwiebel schälen und klein würfeln. Butter in der Gambapfanne erhitzen, Gambaschalen hineingeben und mit dem Gemüse, der Zwiebel und den Lorbeerblättern kräftig anrösten. Mit Cognac ablöschen. Das Tomatenpüree, den Vermouth, den Rotwein und den Fischfond angießen und die Flüssigkeit auf etwa 1/3 einkochen. Sahne dazurühren bis die Sauce sämig wird. Mit Salz und frisch gemahlenem schwarzen Pfeffer abschmecken und durch ein Sieb in einen Topf passieren.

Die Gambas hineingeben und etwa 5 Minuten mitköcheln lassen. Warm stellen.

11/2 Tassen Langkornreis
1/2 Tasse Wildreis
1/2 Zwiebel
Salz

Reis mit 3 1/2 Tassen Wasser, der Zwiebel und 1/2 TL Salz in einem zugedeckten Topf zum Kochen bringen. Herdplatte auf die geringste Einstellung zurückdrehen und den Reis zugedeckt etwa 15 Minuten köcheln lassen. Warm stellen.

1 große Gemüsegurke
1/4 ltr. Fleischbrühe (siehe Notizen)
Pfeffer, Salz
2 Stengel frischer Dill

Am besten ist eine Gemüsegurke mit festem Fleisch. Nur im Notfall greifen wir auf eine Salatgurke zurück. Gurke schälen, in etwa 10 cm lange Stücke teilen (von den Kernen befreien), diese der Länge nach in Streifen schneiden, leicht pfeffern und salzen; kurz ziehen lassen. In heißer Fleischbrühe etwa 5 Minuten ziehen lassen. Herausnehmen und gut abtropfen. Dill waschen und fein schneiden, über das Gurkengemüse streuen.

Je 2 Gambas, 1 EL Reis und Gurkenstreifen auf vorgewärmten Tellern anrichten, mit Sauce ausspiegeln, ein Blatt Basilikum in die Sauce garnieren und sofort servieren.

Pfirsich mit Vanilleschaum*

2 große gelbe reife Pfirsiche (je ca. 180 g)
1/2 Zitrone
1 EL Zucker
2 cl Maraschino
8 Blättchen Zitronenmelisse
für den Vanilleschaum:
3 Eigelb, 3 Eiweiß
1 Ei
1/8 ltr. süße Sahne
1/8 ltr. Milch
1 Vanilleschote
100 g Zucker

Sahne und Milch in einem Topf unter Rühren zum Kochen bringen. 50 g Zucker zugeben. Vanillemark aus der Schote kratzen und beides ca. 3 Minuten mitkochen. Schote mit einem Löffel herausnehmen. Die drei Eigelb mit dem Ei und dem restlichen Zucker in einem Gefäß mit dem Schneebesen schaumig rühren. Den Eischaum langsam im siedenden Wasserbad unter die heiße Vanille – Milchmischung rühren, bis sich eine gebundene, dickliche Crème ergibt. In eine Schale gießen und kalt stellen. Zwischendurch umrühren, damit sich keine Haut bildet. Pfirsiche häuten (wenn die Haut schlecht abgeht, kurz mit einem Löffel in heißes Wasser tauchen), entsteinen und vierteln. In eine Schüssel geben. Saft der 1/2 Zitrone mit Maraschino und Zucker vermischen und über die Pfirsiche träufeln. In den Kühlschrank stellen und etwa 1 1/2 Stunden ziehen lassen. Zwischendurch wenden.
Erst kurz vor dem Servieren je zwei Pfirsichteile auf einem dunklen Teller anrichten. Eiweiß zu einem steifen Eischnee schlagen und unter die Vanillesauce ziehen. Vorsichtig mit dem Schneebesen schaumig rühren. 3 EL Vanilleschaum um den Pfirsich angießen und mit einem Blatt Zitronenmelisse dekorieren. Sofort servieren.

Tip: Es empfiehlt sich die Anschaffung eines speziellen Wasserbadtopfes. Man kann ihn für die Zubereitung vieler Cremes und Saucen gebrauchen.

Notizen

LÖWE

"Ich will"

Planet: Sonne
Element: Feuer
Farbe: rot, orange
Körperteil: Herz, Wirbelsäule

Das Tierkreiszeichen des Löwen ist wohl ägyptischen Ursprungs. Dort gab es schon etwa 1500 v. Chr. einen ruhenden Löwen als Sternbild.

Selbstsicherheit und Willensstärke, Begeisterungsfähigkeit und Großzügigkeit zeichnen den Löwen aus. Sein Element ist das Feuer, sein Planet die Sonne, der mächtigste im geozentrischen Astrologiesystem. Sie gibt ihm viel von seiner beherrschenden Kraft, seiner kreativen Energie und dem, die ganze Umgebung beeinflussenden, festen Optimismus.
Das typische Löwe-Temperament

LÖWE
23.7-23.8.

ist cholerisch, darunter scheinen sanguinische Eigenschaften durch.
Eine Lieblingsrolle im Leben eines Löwe-Menschen ist die des Gastgebers. Eindrucksvolle Dekoration, repräsentative, großzügige Bewirtung – ein Löwe versteht zu genießen.
Der römische Schriftsteller Petronius übertreibt aber wohl doch ein wenig, wenn er in seinem Werk "Satyricon" schreibt, "... unter den Löwen werden die Gefräßigsten geboren..."
Im Zentrum seiner Speisekarte steht der kräftige – am Spieß oder in Rohr zubereitete – Braten, gut gewürzt mit Rosmarin und schwarzem Pfeffer, einem Hauch von Muskatnuß, noch ein wenig Senf an die Soße – ein "Löwengedicht."
Lamm und Huhn, meist knusprig und ihrem Planeten

gemäß eher trocken und scharf, liebt besonders die Löwe-Frau.

Dazu trinkt sie gerne einen Rotwein, fruchtig und aromatisch, bisweilen schwer, trocken, nach Veilchen duftend.

Südliche Sonnengemüse wie Auberginen oder Zucchini und Gewürze wie Safran, Ingwer oder Minze gehören wie der trockene, körnige Reis zu den Lieblingsnahrungsmitteln eines Löwen. Beeinflußt von der Sonne, schätzt der Löwe alle Speisen, die Herz und Körper stärken, das Sehvermögen verbessern und Giftstoffe vertreiben. Salbei, Pfefferminze und Kamille, Eisenkraut und Lorbeer verbindet schon Arthur Hermes, der "berühmte Herr des kosmischen Kräutergartens" mit Sonne und Löwe.

Für den Koch ist es sehr wichtig,

zu wissen, daß der Löwe gerne mit anderen teilt. Eine Einladung im größeren Rahmen gibt ihm die Möglichkeit sich zu entfalten. Schütze, Widder, Waage und Zwillinge sind gerngesehene Gäste und Partner. Mit ihnen versteht er sich besonders gut.

Den 'einsamen' und schnellen Imbiß am Würstlstand hingegen wird er 'mickrig und langweilig' finden.

Bei Tisch und am Kochtopf zeigt er lieber deliziöse Extravaganz. Auf den Preis sieht er aus Prinzip nicht, wichtig ist das Besondere.

Als Tischdekoration eignet sich besonders gut eine scharlachrote Decke mit Geschirr in kräftigem Gelb und in der Mitte eine große Schale mit Trauben, Kirschen und Mangos. Mandeln sowie alle Arten von Nüssen sind typische Sonnenfrüchte und werden vom Löwen äußerst geschätzt.

Menüvorschlag

Lammfilet mit Zucchiniwürfeln

Gefüllte Kalbsröllchen
Röstgemüse
Weißbrot in Salbeibutter

Zwillingsmousse mit Himbeersauce

Dazu ein reifer, aber leichter Rotwein:
Kalifornischer Pinot Noir
Italienischer Carmignano oder Chianti Riserva
Französischer Macon
Temperatur: 16-18 ^{0} C

Lammfilet mit Zucchiniwürfeln

2 Lammfilets (je ca. 120 g)
3 kleine Zucchini (je ca. 40 g)
3 EL Olivenöl
2 EL Kalbsfond
30 g Butter
1 Knoblauchzehe
4 kleine Lorbeerblätter
Salz, Pfeffer, Zitrone
1 Scheibe Vollkornbrot

Zucchini waschen, in kleine Würfel schneiden, mit Zitrone beträufeln. Zwei EL Olivenöl in kleinem Topf erhitzen, Zucchiniwürfel und Lorbeerblätter hineingeben, leicht salzen und pfeffern. In etwa drei Minuten unter ständigem Wenden anbraten, Hitze reduzieren. Mit dem Weißwein ablöschen und noch zwei Minuten ziehen lassen. Warmstellen.

Knoblauchzehe kleinwürfeln, im Mörser mit Salz bestreuen und etwa 5 Minuten ziehen lassen, dann zerdrücken.
Lammfilets von Fett und Haut befreien, waschen und gut abtrocknen. Mit der Knoblauchmasse einreiben und in der Butter-Ölmischung etwa 5 Minuten von allen Seiten goldbraun anbraten. Das Fleisch aus der Pfanne nehmen, Kalbsfond angießen. Das Fleisch in ca. 1 cm dicke Scheiben schneiden (es muß im Kern noch ganz rosa sein), mit dem Fleischsaft begießen, etwas schwarzen Pfeffer, frisch aus der Mühle, darüber mahlen und sofort mit den Zucchiniwürfeln und einem Stück Vollkornbrot mit Butter servieren.

Tip: Auch die Vorspeistenteller auf etwa 50^0 C anwärmen, damit das
  Lammfilet nicht so schnell auskühlt.

Gefüllte Kalbsröllchen
Röstgemüse
Weißbrot in Salbeibutter

4 dünn geschnittene Kalbsschnitzel (120 g pro Person)
50 g dünn geschnittener Parmaschinken
1 EL Senfkörner (im Mörser zerdrücken und mit
1 EL Himbeeressig etwa 5 Stunden quellen lassen)
2 Stangen Lauch
2 große Zwiebeln (je ca. 40 g)
2 Karotten (je ca. 50 g)
1 Stück frischer Knollensellerie (ca. 120 g)
3 EL Aceto Balsamico
1/4 ltr.
Chianti
1/8 ltr.
Kalbsfond
2 EL Olivenöl
60 g Butter (gut kaltstellen)
Salz, Pfeffer

1 Baguette
8 Blätter frischer Salbei

Lauchstangen putzen, halbieren und die Blätter im kochenden
Salzwasser zwei Minuten blanchieren, abgießen und trockentupfen. Kalbsschnitzel klopfen, mit Salz und Pfeffer leicht
würzen. Die Senfkörner darauf verstreichen und die Lauch-
blätter gleichmäßig der Länge nach auf das Kalbfleisch auflegen.
Je eine Lage Parmaschinken daraufgeben. Das Fleisch zusam-
menrollen und mit Küchenfaden zusammenbinden.
Im Bräter in dem Olivenöl von allen Seiten gut anbraten.
Balsamico und 1/8 ltr. Rotwein angießen und die Kalbsröllchen
zugedeckt etwa 15 Minuten dünsten, dann herausnehmen und
zugedeckt warmstellen. Karotte, Sellerie und Zwiebel klein
würfeln, in den Bräter geben und ca. 10 Minuten weiterdünsten,
dann bei großer Hitze die Flüssigkeit ganz einkochen, Gemüse
unter ständigem Wenden fest anbraten, mit restlichem Rotwein
und Kalbsfond ablöschen.

Aufkochen, dann ein Drittel der gut gekühlten Butter in kleinen Flocken mit dem Schneebesen unterschlagen, mit Salz und Pfeffer abschmecken, warm stellen.

Die restliche Butter in einer Pfanne erwärmen (nicht heiß werden lassen), Salbeiblätter waschen, klein schneiden, in die Pfanne geben und etwa zwei Minuten ziehen lassen. Dann das in zwei cm dicke Scheiben geschnittene Baguette dazugeben und anbraten. Die Kalbfleischröllchen entzwirnen und mit einem scharfen Messer in Scheiben schneiden. Mit dem Röstgemüse anrichten und dazu das Salbeibrot servieren.

Tip: Die Teller nicht zu voll machen! Zuerst nur zwei Kalbfleischröllchen aufschneiden, die beiden anderen und das restliche Gemüse warm stellen. Der Löwe-Gast nimmt bestimmt gerne noch einmal nach.

Zwillingsmousse* mit Himbeersoße*

100 g Bitterschokolade
100 g weiße Schokolade
2 EL Milch
2 EL Cognac
3 Eier
20 g Zucker
3 EL kalter Espressokaffee oder Mocca
3 Blatt Gelatine
250 g Sahne
250 g Himbeeren
3 EL Fruchtzucker
1/2 Zitrone
2 EL Wasser
2 cl Himbeergeist
Zitronenmelisse zum Anrichten

Die beiden Schokoladen jeweils getrennt im Wasserbad unter Rühren schmelzen lassen. Die Gelatine in kaltem Wasser etwa fünf Minuten quellen lassen, ausdrücken und in 3 Eßlöffel heißem Wasser auflösen. Eier trennen. Eigelb und Zucker mit dem Schneebesen schaumig rühren und mit der Milch vermengen. Das Gemisch in zwei Hälften teilen, in die eine den Cognac, in die andere den Kaffee unterrühren. Die Kaffeemischung geben wir zu der dunklen, die Cognacmischung zu der weißen geschmolzenen Schokolade und rühren die Hälfte der Gelatine jeweils darunter. Beides gut abkühlen lassen, dabei mehrmals gut umrühren. Die Sahne und, in einem anderen Gefäß, die drei Eiweiß steif schlagen. Erst die Hälfte der Sahne, dann die des Eischnees, vorsichtig unter die jeweiligen Cremes heben und im Kühlschrank etwa vier Stunden kalt stellen. Wenn wir keine frischen Himbeeren bekommen, tun's gefrorene selbstverständlich auch. Himbeeren bis auf acht schöne zerdrücken und durch ein Sieb in einen Topf streichen, mit Zucker, Himbeergeist, Wasser und Zitronensaft verrühren und kurz aufkochen. Abkühlen lassen und die abgekühlte Sauce mit den frischen Himbeeren und einem Blatt Zitronenmelisse auf einem großen flachen Teller zu je einem Eßlöffel weißer und dunkler Creme servieren.

Notizen

JUNGFRAU

"Ich analysiere"

Planet: Merkur
Element: Erde
Farbe: gelb
Körperteil: Eingeweide

Bei den Babyloniern wird das Gestirn als 'in den Halmen stehende Getreide-pflanzung' bezeichnet, von der dann die Ähre überblieb. Möglicherweise wurde die Jungfrau zu dieser Ähre hinzuerfunden und ist in grie-chischen Tierkreis ein eigenes Stern-bild geworden.

Jungfrau-Menschen gehören zum Element 'Erde' und wollen stets festen Boden unter den Füßen spüren. Sie haben ein starkes Pflichtgefühl, sind in jeder Hinsicht wählerisch und entscheiden sich gerne für das Extravagante. Ihr Hang zur Exklusivität läßt die Jungfrau genießen, sie will

JUNGFRAU
24.8.-23.9.

verführt werden, braucht jedoch
stets ein gewisses Maß an Freiheit
bei der Auswahl. Dies gilt für den
Partner wie für die Kleidung und
natürlich auch das Essen. Selbst
besondere Speisen zuzubereiten, das
Gemüse in der Küche auch noch
putzen zu müssen, das ist ihr un-
angenehm. Viel lieber vergräbt sie
sich in geistreichen Büchern, fühlt
sich hingezogen zum anspruchsvollen,
geschriebenen Wort.
Essen selbst ist von klein auf
groß geschrieben, oft sind vier
Mahlzeiten am Tag noch zu wenig.
Jungfrau - Geborene greifen zwischendurch schnell einmal in die Schub-
lade mit den Süßigkeiten. Abends
noch ein guter Tropfen (manchmal
dürfen es auch ein paar mehr
sein) und der Tag im Leben
einer Jungfrau ist abgerundet.
Ein frisches Pils oder Weißbier in
einem kleinen Pub mit netten

Gesprächspartnern (- innen) reizt
außerordentlich.
Aber, wie schon gesagt, wenn der
Jungfrau'koch' aktiv werden soll,
darf man anfangs keine Wunder-
dinge von ihm verlangen, was
wohl auch daran liegt, daß er mit
dem Haushaltsgeld eher sparsam
umgeht und sich eher für das
Sonderangebot als für die kost-
spielige Delikatesse entscheidet.
    Schön, wenn der Koch selbst
Steinbock, Stier, Skorpion oder
Krebs ist, denn diese vier Sternzeichen zeigen die größten Affinitäten zum Jungfrau-Menschen.
    Zuerst deckt man den Tisch
mit einer gelben Tischdecke,
dunklem Geschirr mit einer
Schale voller frischer, blauer Trauben in der Mitte.
Dann bereiten wir der Jungfrau
ihr Lieblingsgericht: Wild in jeder
Form - Wildschwein, Reh, Hirsch -

dazu Pilzsaucen oder Pilzgemüse.

Damit der Eigengeschmack nicht verdeckt wird, verwendet man wenig Kräuter und Gewürze.

Beilagen aus Getreidemehl oder Hartweizengrieß eignen sich besonders, dazu paßt eine Vielzahl von Salaten in abwechslungsreichen Marinaden oder von Gemüsen in verschiedenen Brühen. Feld- oder Kopfsalat, Tomaten, Fenchel und rohe Möhren stehen an erster Stelle auf der astrologischen Speisekarte.

Der Merkur beeinflußt die Auswahl mit, bereichert die Küche z.B. mit Rinderzunge in Madeira oder mit vielen Innereien wie Leber, Niere, Herz, aber auch mit festfleischigen Fischen wie Hecht oder Zander.

Zum Schluß wird ein Dessert mit wohlschmeckenden Feigen, Hasel- oder Walnüssen serviert.

Menüvorschlag

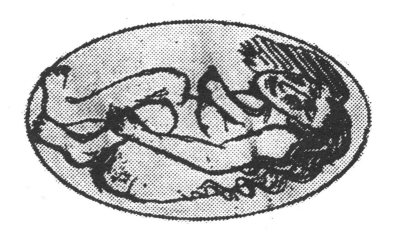

Bayerische Gemüsesuppe

Rehrücken mit Pilzsauce
Wirsinggemüse
Quarkpavesen

Geeiste Feigen

Zur Suppe ein leichter Weißwein:
Italienischer Soave oder Orvieto
Temperatur: 13^0 C.
Zum Rehbraten ein gehaltvoller Rotwein:
Württemberger Spätburgunder
Italienischer Brunello di Montalcino oder Barolo
Französischer Cháteau - neuf - du - Pape
Temperatur: 18^0 C

Bayerische Gemüseterrine

1 ltr. Hühnerbrühe (siehe Notizen)
200 g kleine , fest kochende Salatkartoffeln („Mäuserl")
1 Karotte (40 g)
1/2 Kohlrabi (125 g)
100 g grüne Bohnen
1 kleine Stange Lauch
1/2 Zwiebel (40 g)
2 Lorbeerblätter
1 Stangensellerie
1/2 Bund Schnittlauch
2 EL Sonnenblumen- oder Distelöl
Salz, Muskat, Pfeffer

Die Kartoffeln schälen und der Länge nach vierteln. Das restliche Gemüse putzen , waschen und klein schneiden. Das Öl in
einem Topf erhitzen. Die Zwiebel schälen und klein würfeln, in
den Topf geben und glasig dünsten. Die Lorbeerblätter, die
Karotten, die Bohnen und den Kohlrabi dazugeben und kurz
mitschmoren. Dann die Brühe angießen, Kartoffeln dazugeben
und kurz aufkochen. Danach etwa 5 Minuten köcheln lassen,
den in schmale Scheiben geschnittenen Stangensellerie und den
Lauch dazugeben. Noch ca. 20 Minuten zugedeckt köcheln
lassen. Das Gemüse muß einen guten Biß haben. Mit Salz,
Pfeffer und wenig Muskat abschmecken. In ein schöne Suppen-
terrine füllen. Den Schnittlauch waschen und fein schneiden.
Über die servierfähige Suppe streuen, nicht zu heiß servieren.
Ein kleines Stück Schwarzbrot mit Butter und frischem Schnittlauch dazu reichen.

*Tip: Wenn man Zeit hat, kann man die Karotte und den Kohlrabi in schöne
Formen schneiden (Dreiecke, Rauten oder Kreise).*

Rehrücken* mit Pilzsauce
Wirsinggemüse und Quarkpavesen

1 Rehrücken (1200 g)
1 ltr. Buttermilch
1 Zwiebel (40 g), 1 Karotte (40 g)
1/4 Knollensellerie
8 Wacholderbeeren, 6 Pfefferkörner
1 Lorbeerblatt, 2 Salbeiblätter
Saft einer halben Zitrone
Salz, Pfeffer
100 g fetter Speck (dünn geschnitten)
1/8 ltr. Fleischbrühe
1/8 ltr. Rotwein
100 g saure Sahne
50 g Pfifferlinge, 50 g Egerlinge oder rosa Champignons
20 g Butter, 60 g Bratfett

Rehrücken häuten, abwaschen, abtrocknen und in die Beize
legen (Buttermilch, Zitronensaft, Wacholderbeeren, Pfefferkörner und Lorbeerblatt vermischen). Zugedeckt etwa 24
Stunden in den Kühlschrank legen. Zwischendurch einmal
wenden. Aus der Beize nehmen und abtrocknen.
Karotten und Sellerie putzen und waschen, vierteln. Zwiebel
schälen und würfeln. Bratfett in einem Bräter erhitzen und den
Rehrücken von allen Seiten gut anbraten, Gemüse und Salbeiblätter dazugeben und etwa 3 Minuten mit anrösten. Die
Fleischbrühe angießen. Den Backofen auf 180^{0} C vorheizen.
Den Rehrücken mit den Speckscheiben abdecken und auf die
mittlere Schiene schieben. Ca. 50 Minuten braten. Den Rücken
aus dem Bräter nehmen, die Speckscheiben entfernen und das
Fleisch vom Knochen lösen (es soll innen noch leicht rosa sein,
weil es noch nachgart). Die Filets in Scheiben schneiden und
wieder andrapieren. Zugedeckt warmstellen. Die Pilze putzen
und klein schneiden. In etwas Butter 3 Minuten andünsten. Den
Bratfond mit dem Rotwein aufkochen und durch ein Sieb zu
den Pilzen gießen. Bei mittlerer Hitze auf 3/4 reduzieren. Den
Sauerrahm dazurühren und weiter köcheln lassen. Mit Salz und
Pfeffer abschmecken. Wem die Sauce nicht sämig genug ist, der
mengt mit einer Gabel einen 1 TL Mehl unter 2 EL kaltes Wasser und gießt das Gemisch unter ständigem Rühren an die kurz
aufkochende Sauce.

750 g Wirsing
1/4 ltr. heiße Fleischbrühe
30 g Butter
1 Prise gemahlener Kümmel
Salz, schwarzer Pfeffer aus der Mühle

Wirsing vierteln, sauber putzen und waschen. Den Wirsing in
breite Streifen schneiden, den Strunk wegwerfen. Die Butter in
einem Topf erhitzen, den Wirsing hineingeben und unter
Rühren etwa 5 Minuten anbraten. Fleischbrühe angießen,
Kümmel untermischen und zugedeckt etwa 20 Minuten
dünsten. Mit Salz und frisch gemahlenem schwarzen Pfeffer
abschmecken.

250 g Quark
1/2 Hefe (25 g)
2 EL Milch
250 g Mehl
1/2 TL Salz
1/2 TL Zucker
Fritieröl oder -fett zum Backen

Zuerst den Vorteig vorbereiten: Die Hefe zerbröckeln und mit
1/2 TL Zucker in der lauwarmen Milch 15 Minuten aufgehen
lassen. Dann den Quark in eine Schüssel geben, in der Mitte
eine Mulde formen, den Vorteig hineingeben und mit dem Mehl
und dem Salz zu einem Teig verkneten. Er soll nicht am Schüsselrand kleben bleiben. Eventuell noch wenig Mehl dazugeben.
30 Minuten zugedeckt gehen lassen. Fritierfett in einem kleinen
Topf erhitzen, die Pavesen müssen im Fett schwimmen können.
Aus dem Teig mit bemehlten Händen etwa taubeneigroße
Pavesen formen und vorsichtig in das heiße Fett gleiten lassen.
Nach etwa 2 Minuten wenden. Dunkelgelb herausbacken, mit
einem Schaumlöffel herausnehmen, abtropfen lassen und heiß
und knusprig servieren.

Geeiste Feigen[*]

4 große reife Feigen (oder 8 kleine)
1 cl Kirschwasser
1/4 ltr.
Schlagsahne
3 EL Schokoraspeln
Zitronenmelisse
Puderzucker
20 g Butter
30 g Zucker

Die Feigen waschen, halbieren und aushöhlen. Die Frucht-
hüllen aufheben. Das Feigenmus mit dem Kirschwasser im
Mixer pürieren und in einem Gefäß im Kühlschrank kalt
stellen. Die Mandeln klein hacken. Butter in einer Pfanne
erhitzen, die Mandeln zugeben, den Zucker darüberstreuen und
die Mandeln unter ständigem Wenden karamelisieren. Gut
abkühlen lassen. Die Sahne steif schlagen und 3/4 davon zusammen mit den Mandeln unter das Feigenmus mischen. Etwa
eine Stunde ins Gefrierfach stellen. Nach ungefähr 1/2 Stunde
einmal durchrühren. Dann aus dem Gefrierfach nehmen und in
die Feigen zurückfüllen. Je zwei Hälften auf einem Dessertteller
anrichten, einen kleinen Löffel von der restlichen Sahne auf
jede Hälfte geben, mit Schokoraspeln, Puderzucker und Zitronenmelisse dekorieren.

*Tip: Dazu paßt ein gut gekühlter Portwein, ein alter ungarischer Tokajer oder
ein brauner Muskateller aus dem Languedoc*

Notizen

WAAGE

"Ich gleiche aus"

Planet: Venus
Element: Luft
Farbe: Pastellfarben
Körperteil: Lenden, Nieren

Die Sterne der Waage wurden noch bei Ptolemäus zu den Scheren des Skorpions gerechnet. Bald darauf erscheint sie als eigenes Tierkreiszeichen, wobei ihrer Benennung wahrscheinlich die Tag- und Nachtgleiche zugrunde liegt.

Waagemenschen gelten als freundlich, lebhaft und sehr anpassungsfähig. Wie schön für den Koch, denn diese Gäste kann er phantasievoll verwöhnen, ihren Geschmack mitprägen, mit ihnen die Harmonie eines feinen Abendessens genießen. Auch wenn es ihr nicht so ausnehmend gut

schmeckt, wird die Waage den
Koch doch in den höchsten Tönen
loben.

Aber Vorsicht, manchmal wird sie
in fremder Umgebung und bei
passender Gelegenheit vielleicht
die Wahrheit sagen. Man sollte
also darauf achten, daß die hohen
Ansprüche eines Waage-Gastes
möglichst erfüllt werden.

Beim Essen gilt es oft, den
eloquenten Redefluß der Waage-
Frau, ihre unbeschwerte Heiter-
keit zu akzeptieren. Genießen
aber wird sie das Menü trotzdem.

Als Koch selbst verlangt die
Waage nach einer exklusiv aus-
gestatteten Küche mit Glanz,
Chrom und Prestige. Hier ist
der Einfluß der Venus unübersehbar. In einer schlichten Koch-
nische auch noch improvisieren
zu müssen, nein, unter solchen
Umständen geht sie lieber gleich

in ein Restaurant zum Dinieren!
"Mein Element ist die Luft",
betont hier die Waage-Frau, "und
hier bekomme ich zu wenig."
Für ihren Ehemann gilt daher
oft: Nicht jeder verdient eine
Waage-Frau, weil er nicht genug
verdient!
Zwilling, Wassermann, Schütze oder
Löwe - Euch akzeptiert die Waage
als Koch oder Köchin am ehesten,
ihr könnt sie mit ausgefallenen
Ideen begeistern.
Zarte Farbtöne bei Tischdecke
und Geschirr, weiches Kerzenlicht,
leise Klaviermusik und unbedingt
eine Vase mit frischen Blumen
stimmen den Waage-Menschen
milde und empfänglich für so
manches mehr.
Das Menü kann man aus einer
Vielzahl von Fleisch-, Fisch-,
oder Geflügelgerichten zusammen-
stellen. Wild, Kalb- und Rindfleisch,

Fasan oder Pute, ebenso Hummer und Lachs, alles in der entsprechend delikaten Weise zubereitet, wird der Waage zugeordnet.

Edelgemüse wie Spargel oder Artischocken dünstet man in Weißwein. Besondere Salate, Romana, Lollo Rosso oder Chinakohl werden, der Venus entsprechend mit Crème fraiche und vielen, frischen Kräutern pikant angemacht. Erdbeer- oder Himbeeressig, ausgewählte Olivenöle runden den Geschmack ab.

Ach, man müßte Waage sein! Ihre Speisekarte ist die vielseitigste aller Sternzeichen, wozu auch ihr Planet, die Venus, viel beiträgt: Süße Früchte wie Pfirsiche, Lemonen, Weintrauben, Rosinen, Feigen, Orangen - ein wirklicher Garten Eden für alle Waage-Geborenen. Abgerundet wird das Menü mit Likören oder exquisiten Schokoladencremes mit Sahnehäubchen.

Menüvorschlag

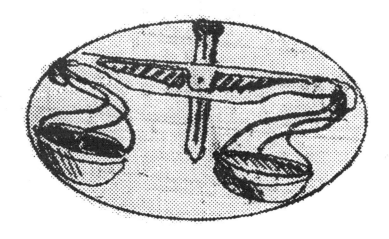

Rahmnudeln mit Räucherlachs

Putenbrust mit grüner Kräutersauce
Kartoffelraspel
Tomatengemüse

Bayerische Creme mit Brombeermark

Dazu ein leichter Weißwein oder Rosé:
Französischer Vin Gris oder Tavel
Italienischer Chiaretto
Temperatur: $10\text{-}12\,^0\,C$

Rahmnudeln mit Räucherlachs

200 g schmale grüne Bandnudeln (Tagliatelle)
1 Zwiebel (40 g)
1/8 ltr. trockener Weißwein
1/8 ltr. süße Sahne
1/8 ltr.
Fleischbrühe (aus Würfeln oder frisch gemacht, siehe Notizen)
150 g Räucherlachs (dünn aufgeschnitten)
1 Zitrone
1 TL kleingeschnittener, frischer Dill
5 kleine Lorbeerblätter
Olivenöl, schwarzer Pfeffer, Salz
1 Knoblauchzehe

2 Liter Wasser mit je einem Teelöffel Olivenöl und Salz in einem Topf zum Kochen bringen, Nudeln zugeben und etwa 5 Minuten kochen lassen (die Nudeln müssen noch einen guten „Biß" haben), in ein Sieb gießen und mit kaltem Wasser abschrecken.

Zwiebel schälen und kleinwürfeln, Olivenöl in einem Topf erhitzen. Zwiebeln darin andünsten, Weißwein, die geschälte Knoblauchzehe, Fleischbrühe und Lorbeerblätter hineingeben und auf die Hälfte einkochen lassen. Sahne angießen und bei geringer Hitze 10 Minuten köcheln lassen. Mit frisch gemahlenem Pfeffer und wenig Salz abschmecken. Alles durch ein Sieb in einen Topf gießen. Lachs in schmale Streifen schneiden, mit wenig Zitronensaft beträufeln und mit dem Dill etwa 1 Minute in die heiße Sauce geben. Nudeln durch die Sauce ziehen und mit einigen Lachsstreifen und einem Lorbeerblatt schön auf vorgewärmten Tellern anrichten. Eine Zitronenscheibe an den Tellerrand dekorieren und sofort servieren.

Tip: Eine Scheibe Baguette mit frischer Butter schmeckt vorzüglich dazu.

99

Putenbruststreifen mit grüner Kräutersauce
Kartoffelraspel*
Tomatengemüse

300 g Putenbrust
1 TL Zitronensaft
2 EL Olivenöl
1 Knoblauchzehe
Pfeffer, Salz, Mehl
1 EL Olivenöl und 20 g Butter zum Braten
für die Sauce:
1 Bund Petersilie
1 Bund Kerbel
100 g Spinat
einige Blatt Maggikraut, Estragon
1 Zwiebel (30 g)
2 Lorbeerblätter
1/8 ltr. trockener Weißwein
1/8 ltr. Fleischbrühe (vorzugsweise Kalbsbrühe)
4 EL Crème fraîche
Pfeffer, Salz

Putenbrust waschen, eventuell häuten, mit Haushaltspapier
trockentupfen. Knoblauchzehe schälen, kleinhacken und mit
dem Zitronensaft, dem Olivenöl und einer Prise schwarzem
Pfeffer in einer Schale vermischen. Putenschnitzel in der
Marinade wenden und etwa 1 Std. zugedeckt ziehen lassen. In
der Zwischenzeit die Sauce zubereiten. Kräuter und Spinat
zupfen, waschen und kleinschneiden. Zwiebel schälen und fein
hacken. Mit dem Weißwein und den Lorbeerblättern in einen
Topf geben, zum Kochen bringen und auf etwa die Hälfte reduzieren. Fleischbrühe angießen und die Flüssigkeit auf etwa 1/3
einkochen. 3 EL Crème fraîche unterrühren und 5 Minuten
köcheln lassen. Abkühlen lassen, Lorbeerblätter herausnehmen.
Kräuter und Spinat mit der Flüssigkeit im Mixer pürieren, durch
ein Sieb in einen Topf streichen. Restliche Crème fraîche dazugeben, verrühren und mit Pfeffer, Salz (eventuell etwas Zucker)
abschmecken.

* unbedingt 2 Tage vorher vorbereiten

Die Sauce warm stellen, zwischendurch umrühren. Putenbrust aus der Marinade nehmen, mit Küchenpapier trockentupfen, mit sehr wenig Mehl bestäuben.
Olivenöl und Butter in einer Pfanne erhitzen, Putenbrust hineingeben und bei mittlerer Hitze von beiden Seiten je 6 Minuten braten, dann die Temperatur erhöhen, bis das Fleisch auf beiden Seiten gut angebräunt ist. Herausnehmen und warm stellen. Vor dem Servieren in schmale Streifen schneiden.

500 g reife Tomaten (am besten Gran Canaria oder ähnliche)
1/2 Bund Basilikum
1 EL Olivenöl
Salz

Tomaten vorsichtig häuten, wenn nötig kurz in heißes Wasser legen, dann geht die Haut leichter ab. In einen mit dem Olivenöl ausgepinselten Bräter legen und im auf 180^{0} C vorgeheizten Backofen ca. 10 Minuten dünsten; leicht salzen, mit kleingeschnittenem Basilikum bestreuen und sofort servieren.

500 g mehlige Kartoffeln
150 g Mehl
60 g Butter
10 g Salz

Die Kartoffeln 2 Tage vorher kochen und ungeschält in einem Topf bei Raumtemperatur aufheben. Dann schälen und auf einer Raffel oder Reibe in Späne hobeln. Mit Mehl mischen bis sie völlig trocken wirken. Während die Tomaten im Rohr sind, Butter in einer Pfanne erhitzen und die Späne bei mittlerer Hitze unter ständigem Rühren glänzend goldbraun rösten. Zum Schluß salzen und unverzüglich servieren.

Serviertip: Drei Putenstreifen fächerartig anordnen, 1 Tomate und Kartoffelraspeln dazu drapieren, mit grüner Sauce um das Fleisch spiegeln.

Bayerische Creme* mit Brombeermark*

500 g Brombeeren
100 g Puderzucker
3 Blatt weiße Gelatine
2 cl Maraschino
30 g Brombeermarmelade

1/4 ltr. Milch
1 Vanilleschote
4 Eigelb
100 g Puderzucker
6 Blatt weiße Gelatine
1/2 ltr. süße Sahne
einige Blatt Zitronenmelisse zum Garnieren

Aufgetaute Brombeeren durch ein Sieb streichen (einige zum Dekorieren aufheben). Das Mark zuckern. Gelatine in kaltem Wasser 5 Minuten quellen lassen, ausdrücken und in 3 EL heißem Wasser zum Schmelzen bringen. Die Konfitüre und den Maraschino unter die Brombeeren rühren und in einem Topf erhitzen. Die gelöste Gelatine gut unterrühren. Das Brombeermark kühl stellen.

6 Blatt Gelatine in kaltem Wasser 5 Minuten quellen lassen, herausnehmen und gut ausdrücken. In einem Topf 5 EL Wasser erhitzen und die ausgedrückte Gelatine darin auflösen.

Eigelb und Puderzucker in einem Metallgefäß schaumig rühren.

Milch in einem Topf erhitzen. Vanilleschote der Länge nach aufschneiden und 1 Minute in die kochende Milch geben. Die Schote aus der Milch nehmen. Die heiße Vanillemilch mit dem Schneebesen unter die Eigelb schlagen und bei milder Hitze eine dickliche Masse anrühren. Die aufgelöste Gelatine gleichmäßig unterrühren.
Den Topf in ein großes Gefäß mit Eiswasser stellen und die Creme so lange weiterschlagen bis sie abgekühlt ist. Die Sahne steif schlagen und unter die Creme heben, wenn diese fest zu werden beginnt.
Die Hälfte der Creme in ein Glasgefäß füllen, die Hälfte des Brombeermarks darauf verteilen, dann die restliche Crème darübergeben. Einige Stunden in den Kühlschrank stellen.
Vor dem Servieren mit etwas Brombeermark und der Zitronenmelisse verzieren. Das restliche Brombeermark in einer kleinen Schale dazureichen.

Tip: Leichter und weniger anstrengend ist es, wenn man die Crème statt mit dem Schneebesen mit dem Handmixgerät (Stufe 1) rührt.

Notizen

SKORPION

"Ich begehre"

Planet: Pluto
Element: Wasser
Farbe: schillernd grün, rot, blau
Körperteil: Geschlechtsorgane

Der Skorpion war wohl ursprünglich
das Symbol für eine altbabylonische
Gottheit mit menschlichem Ober-
körper, Scheren statt Armen und
einem Skorpionschwanz.
Bist Du Steinbock, Krebs, Fisch
oder Jungfrau? Dann bist Du
der geeignete Koch, die richtige
Köchin für einen Skorpion. Viele
enge Berührungspunkte bestimmen
ein solches Verhältnis. Vor allem
aber, laß die Liebe durch den
Magen gehen!
Wie ist er nun, der Skorpion? Etwas
autoritär, kann Streit vermeidend,
aber einmal entflammt nicht mehr
zu löschen: extreme Merkmale in

SKORPION
24.10.-22.11.

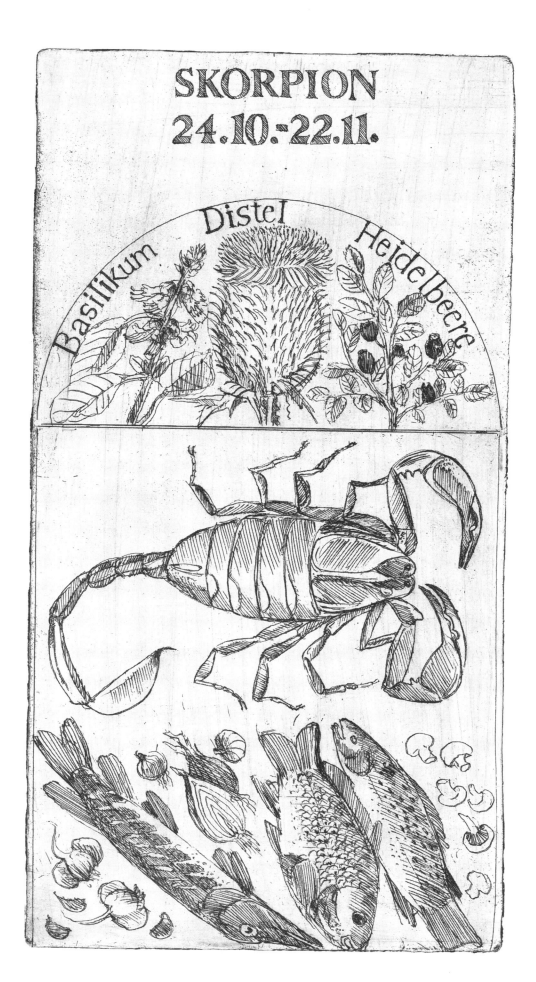

Basilikum — Distel — Heidelbeere

vielerlei Hinsicht werden dem
Skorpion von der Astrologie zugewiesen.

Beherrscht vom energischen Mars
(stellvertretend für Pluto) entwickelt
der Skorpion kraftvoll-schöpferische
Initiativen und intensivste Gefühle,
die er oft mit geradezu entwaffnend
unverschämter Offenheit explodieren
läßt.

Skorpion-Menschen haben ein echtes
Elefantengedächtnis. Noch Jahre später
können sie einem Selbstlosigkeit
mit atemberaubender Großzügigkeit – Rücksichtslosigkeit mit
ebensolcher Kleinlichkeit 'vergelten'.

Daher ist es gut, sich vorher zu
überlegen, was man dem Skorpion
antut. Man sollte also bei der
Auswahl des Menüs große Vorsicht
walten lassen, um ihn nicht zu
vergrämen.

Als Wasserzeichen schätzt er alles,
was im Nassen und Feuchten lebt.
Fische, Krebse aber auch Schnecken

gehören zu seinen Lieblingsspeisen.
Der Mars würzt mit scharfen, anregenden Kräutern: Knoblauch,
Cayennepfeffer, Dijonsenf oder
Meerrettich, Rosmarin, Basilikum
oder Minze prägen den Geschmack
vieler Skorpionspeisen. Zwiebeln
und Paprika sind pikant deftig
und werden ebenso wie gegorene,
gut gewürzte Milchprodukte
(Joghurt, viele Käsesorten z.B.
Gorgonzola, Blauschimmelkäse)
gerne für Saucen und Gemüsebei-
lagen verwendet. Gut abgehangenes
Fleisch, das scharf gebraten ist, sowie
Wildgeflügel, besonders Wachteln
oder Fasan, runden seinen Speise-
zettel ab.
Der Skorpion ist ein wählerischer
Esser: vorsichtig zunächst, aber dann
wirklich begeistert nach dem ersten
schmackhaften Bissen. Und viel
essen kann er allemal. Es sollte also
stets genügend auf dem Herd sein,

um seinen großen Appetit stillen zu
können.
Wein und Bier trinkt der Skorpion
sehr gerne, und er spricht beidem
auch einmal in größerem Ausmaß zu.
Der Einfluß des Mars, der Hopfen und
Rebe regiert, ist hier unübersehbar.

Schwierig sind Skorpion-Geborene
was Süßspeisen und Obst angeht.
Die astrologische Auswahl ist hier
nicht groß. Mit Schokolade in jeg-
licher Form, als Eis, Creme oder
Kuchen liegt der Koch sicher richtig,
Rhabarber und Apfel sind, wegen
des säuerlichen Geschmacks, als
Kompott willkommen.
Als Tischdekoration wählen wir
eine weiße oder blaue Decke und -
dem gehobenen Lebensstil vieler
Skorpione angemessen - extrava-
gantes dunkelrotes oder schwarzes
Geschirr, dazu moderne Weingläser.
Vielleicht eine andere Art Glas für jeden
Gast - Individualität ist wichtig!

Menüvorschlag

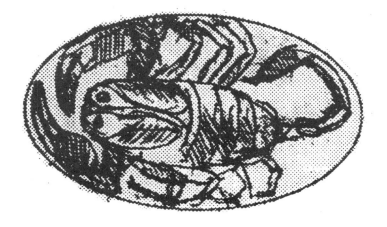

Gorgonzolatascherl in Rinderbrühe

Zander mit Buttersauce
Salbeikartoffeln
Glacierte Schalotten

Limonencreme

Zur Suppe ein Glas gut gekühlten Beaujolais Primeur
Zum Fisch ein leichter, fruchtiger Weißwein:
Deutscher Riesling
Österreichischer Grüner Veltliner
Italienischer Pinot Gris
Temperatur: 12^0 C

Gorgonzolatascherl in Rinderbrühe*

1 1/2 ltr. Rinderbrühe
(siehe Notizen)
1/2 Bund Schnittlauch

Für den Teig:
250 g Mehl, 3 Eier
1 EL Wasser
1/2 EL Olivenöl
1/2 TL Salz

Für die Füllung:
200 g tiefgekühlter Spinat
1 Zwiebel (40 g)
150 g magerer gekochter Schinken
(aufgeschnitten)
1 Semmel
100 g Gorgonzola
1 Ei, 1 EL Distelöl
Salz, Pfeffer, Muskat

Das Mehl in eine Schüssel geben. In der Mitte eine Mulde
formen, die aufgeschlagenen Eier hineingeben und mit einer
Gabel gut untermischen. Mit Wasser, Olivenöl und Salz zu
einem glatten Teig kneten. In ein Tuch wickeln und 20 Minuten
ruhen lassen.

Die Semmel in etwas heißem Wasser einweichen, ausdrücken
und klein würfeln.

Den Spinat antauen und zerkleinern, gut abtropfen. Zwiebel
schälen und klein würfeln, den Schinken in möglichst kleine
Stücke schneiden. Öl in einem Topf erhitzen, Zwiebel und
Schinken darin andünsten. Den Spinat dazugeben und etwa
6 Minuten mitdünsten. Die Semmelwürfel und den grob
zerbröckelten Gorgonzola mit dem aufgeschlagenen Ei unter
den Spinat mischen, so daß eine grobe Farce entsteht. Mit Salz,
Pfeffer und einer kleinen Prise Muskat leicht würzen. Zugedeckt
1/2 Stunde kühl stellen.

Den Teig auf einem bemehlten Brett nudeldünn ausrollen und
8 cm große Quadrate ausschneiden. Je 1/2 EL Füllung auf die
Teigquadrate auftragen, die Ränder mit kaltem Wasser
bestreichen, und zu Dreiecken zusammenklappen. Die
Teigränder gut andrücken.

Fertige Fleischbrühe zum Kochen bringen, die Gorgonzola-
tascherl hineingeben und 8 Minuten ziehen lassen. Mit einem
Schaumlöffel herausnehmen, abtropfen lassen und zugedeckt
warm stellen.

Die Brühe nochmals durch ein Sieb gießen, je 2 Gorgonzola-
tascherl und etwas frisch geschnittenen Schnittlauch dazugeben
und in vorgewärmten Tellern servieren.

*Tip: Mit einer italienischen Nudelmaschine arbeitet man natürlich schneller
und einfacher. Die übrige Farce kann man gut einfrieren und mit 2 EL
Olivenöl zu einem herrlichen Sugo für Spaghetti verarbeiten.*

Zander mit Buttersoße
Salbeikartoffeln*
Glacierte Schalotten*

1 Zander (ca 800 – 900 g) vom Händler schuppen und filettieren lassen,
alle Teile mitnehmen (siehe Notizen)
1 Lorbeerblatt
1/4 ltr. Fischfond
100 g gesalzene Butter (eiskalt, kurz ins Gefrierfach legen)
1/8 ltr. trockener Weißwein
1 EL geschlagene Sahne
Saft einer halben Zitrone
weißer Pfeffer
4 Zitronenscheiben zum Garnieren

40 g Butter in einer Pfanne erhitzen.
Die vom Fischhändler ausgelösten Schnitzelteile leicht auf
beiden Seiten etwa 1 Minute braten, herausnehmen, halbieren
und zugedeckt warmstellen. Den Bratsatz mit Zitronensaft und
Weißwein ablösen, das Lorbeerblatt dazugeben, den Fischfond
zugießen und auf ein Drittel einkochen. Durch ein Sieb in einen
Topf gießen. Auf eine Kochplatte mit mittlerer Hitze stellen.
Die restliche eiskalte Butter in kleinen Stückchen zugeben und
mit dem Handmixgerät aufmixen. Ist die Sauce zu dick, etwas
Fischfond zufügen. Die Sahne unterheben und mit einer Prise
Pfeffer würzen. Sauce warmhalten, aber nicht zu lange stehen
lassen.

500 g kleine, fest kochende Kartoffeln
2 EL Olivenöl
1 Bund Salbei
1/2 TL Salz

Kartoffeln waschen. 2 ltr. Wasser in einem Topf erhitzen und die
Kartoffeln zugedeckt ca. 30 Minuten garen.

Abgießen, mit kaltem Wasser abschrecken, schälen und halbieren.

Den Salbei waschen und klein schneiden. Olivenöl in einem Bräter erhitzen, die halbierten Kartoffeln und den Salbei hineingeben, salzen und unter Wenden ca 3. Minuten leicht anbraten. Sofort servieren.

300 g Schalotten
1/8 ltr. Fleischbrühe
1/8 ltr. trockener Weißwein
2 Lorbeerblätter
1 EL Zucker
1 EL frischgewiegte Petersilie

Schalotten kreuzweise einritzen und in heißes Wasser legen. Nach einigen Minuten läßt sich die Schale leicht abziehen. Fleischbrühe, Weißwein, Lorbeerblätter und Schalotten in einem Topf zum Kochen bringen. Zugedeckt 15 Minuten bei mittlerer Hitze dünsten, den Deckel abnehmen, die Hitzezufuhr erhöhen und die Flüssigkeit auf etwa 1/2 cm reduzieren. Die Schalotten zuckern und unter ständigem Wenden goldbraun glacieren. Vorsicht, der Zucker darf nicht dunkelbraun werden, den Topf rechtzeitig vom Herd nehmen. Mit der Petersilie bestreuen und mit dem Fischfilet, der Buttersauce und den Salbeikartoffeln auf gut vorgewärmten Tellern anrichten, mit einer Zitronenscheibe garnieren und sofort servieren.

Limonencreme* mit Schlagsahne

4 Limonen
8 Eier
1/4 ltr. süße Sahne
100 g Zucker
4 Blatt weiße Gelatine
2 EL feine Schokoraspeln
Zitronenmelisse zum Garnieren

Gelatine in kaltem Wasser 5 Minuten quellen lassen, dann
ausdrücken und in einem Topf mit 4 EL heißem Wasser
auflösen. Zur Seite stellen.
Limonen waschen, die Schalen abreiben, Saft in ein Glas aus-
pressen.
Die Eier trennen. Eigelb mit Zucker in einem Glasgefäß
schaumig schlagen, die abgeriebenen Limonenschalen und nach
und nach den Saft und die warme, aufgelöste Gelatine
einrühren.
In den Kühlschrank stellen bis die Masse etwas fester wird.
Die gut gekühlte Sahne steif schlagen und die Hälfte unter die
Creme ziehen. Die Eiweiß mit einer Prise Salz zu sehr steifem
Eischnee schlagen und ebenfalls unter die Creme heben.
Etwa 1 Stunde in den Kühlschrank stellen, dann mit dem
Schneebesen gut verrühren, damit die schweren Teilchen nicht
mehr absinken. Nochmals 3 Stunden kaltstellen. Vor dem
Servieren je 2 Eßlöffel Limonencreme auf Dessertteller geben,
etwas Schlagsahne, 1 Blatt Zitronenmelisse und einige Schoko-
raspel dazu garnieren.

*Tip: In einem großen Glasgefäß sieht man von außen, ob der Eischnee
gleichmäßig untergehoben wurde.*

Notizen

SCHÜTZE

"Ich erkenne"

Planet: Jupiter
Element: Feuer
Farbe: rot-blau-violett
Körperteil: Oberschenkel, Hüften,
Kreuzbein

Der Schütze wurde ursprünglich
oft als bocksfüßige Menschenge-
stalt erwähnt, später meist als
Centaur mit gespanntem Bogen
und Pfeil. Dieses Tierkreiszeichen
ist über Ägypten nach Griechen-
land gekommen.
"Ich erkenne" ist der astrologische
Leitspruch des Schützen, und er
strebt nach steter Horizonter-
weiterung, versucht, Zusammenhänge des Lebens zu begreifen
und den Dingen auf den Grund
zu gehen. Zumeist leitet ihn
dabei die Vernunft; seine kauf-
männische Veranlagung, seine

Rechenkünste und seine überzeugend
rhetorische Darstellung sind sprichwörtlich. Insbesondere die Schütze-Frau
liebt die sportliche Bewegung, die
Natur, aber gleichermaßen auch
Reisen – vor allem in fremde Länder.

Ihr Element, das Feuer, läßt
sie temperamentvoll und oft, mehr
noch als ihn, ruhelos und zappelig
erscheinen.
Jupiter verleiht dem Schützen
Weisheit, Freigiebigkeit und
Seelengröße. Gerne lädt er Freunde zum Essen ein und offeriert-
da weitgereist - fremdländische
Spezialitäten. Er schätzt üppige,
aromatische Kost, insbesondere
gebratenes Federvieh, Fasan,
Rebhuhn oder Wachteln. Schmackhafte, üppige Soßen, mit viel
Sahne gebunden oder Eigelb
legiert, werden mit Wein oder
Sherry verfeinert. Dazu reicht man
in Weißwein und Fleischbrühe

gedünstete Schalotten, die am
Schluß mit Zucker glaciert werden.
Spargel in jeder Form aber auch
Schwarzwurzelgemüse, Mangold,
Kartoffeln und Getreideprodukte stehen
als Beilagen ganz oben auf der
Auswahlliste. Knoblauch und Salbei,
insbesondere Safran und Petersilie
verleihen den Schütze-Gerichten
das richtige Aroma.
Ein wohltemperierter Obstgeist nach
dem Hauptgericht ist gut für die
Verdauung.
Süße und salzige Mehlspeisen genießt der Schütze-Mann, bereitet
sie aber auch einmal selber zu
und überrascht damit seine
Gäste.
Absoluter Spitzenreiter sind für
ihn eingelegte Früchte wie Heidelbeeren, Himbeeren oder Kirschen,
spätreife, leicht säuerliche Birnen
als Kuchenauflagen verarbeitet,
geschmeidige Zitronensorbets

oder -cremes, ebenso delikate Eis-
rezepte, wohlduftend mit Zimt,
Minze oder Anis abgerundet.
Der Schütze setzt in Bezug auf
Geschmacksrichtungen und Kom-
binationsformen neue Grenzen.
Wenn er selbst gekocht hat, dürfen
wir aber nicht vergessen, ihn entsprechend zu loben, sonst wird man
beim nächsten Mal womöglich nicht
mehr eingeladen. Viel Anerkennung
und Beifall sind erwünscht.
Löwe, Widder, Wassermann und
Waage harmonieren mit dem
Schützen auf vielen Gebieten
und sind als Gäste am großen
Eßtisch willkommen. Eine wert-
volle Tischdecke, dazu dezentes
weißes Geschirr und in der Mitte
violette Kerzen erzeugen eine an-
genehme Atmosphäre, in der
sich der Schütze sicher besonders
wohlfühlt. –

Menüvorschlag

Italienische Suppe

Doppelt gebratene Chips
Röstspaghetti
Mangoldgemüse

Mohr im Hemd

Dazu ein würziger Weißwein mit reifem Bukett:
Italienischer Pinot Grigio oder Pomino
Französischer weißer Burgunder
Temperatur: 15 ^{0} C

Italienische Suppe*

1 ltr. Fleischbrühe (siehe Notizen)

60 g Butter
60 g Mehl
1 Ei
Salz, Pfeffer, Muskat

1 EL Tomatenmark, 1/2 TL Portwein

1/2 Bund Petersilie
etwas Schnittlauch, Majoran, Thymian (je nach Geschmack)

Parmesan zum Reiben

Butter schaumig rühren, Ei verquirlen und nach und nach mit dem Mehl unterrühren. Die Teigmasse dritteln. Den ersten Teiganteil salzen und pfeffern, eine kleine Prise Muskat dazugeben.
Tomatenmark, Portwein und wenig Salz mit dem zweiten Teiganteil zu einer glatten Masse verrühren.
Petersilie und Kräuter zupfen und waschen, klein hacken und pfeffern. Den dritten Teiganteil dazugeben und mit einem Pürierstab zu einer glatten Masse pürieren. Alle drei Teigmassen zugedeckt eine halbe Stunde in den Kühlschrank stellen.
Die Fleischbrühe aufkochen. Zuerst je ein Probeklößchen mit zwei Teelöffeln in die Brühe abstreichen. In der leicht siedenden Suppe 5 Minuten ziehen lassen (eventuell etwas Mehl unter den jeweiligen Teig kneten). Dann die restlichen Klößchen in der Reihenfolge weiß, rot, grün zubereiten, jeweils wieder 5 Minuten ziehen lassen, mit einem Schaumlöffel herausnehmen und warmstellen. Suppe durch ein Sieb gießen, nochmals zum Kochen bringen. Je ein grünes, weißes und rotes Klößchen mit wenig Suppe in vorgewärmte Teller geben, etwas frischen Parmesankäse an den Tellerrand reiben und servieren.

Doppelt gebratene Chips
Röstspaghetti
Mangoldgemüse mit Pistazien

300 g dünn geschnittene Kalbsschnitzel
1/2 Zitrone
1 TL Sojasauce
2 EL Wasser
Pfeffer, Salz
2 EL Olivenöl
1/8 ltr. süße Sahne
1/8 ltr. trockener Weißwein

Saft der Zitrone, Sojasauce und Wasser in einer flachen Schale vermischen. Kalbsschnitzel waschen (eventuell häuten), trockentupfen und in etwa 6 Zentimeter große, rechteckige Stücke schneiden, leicht pfeffern. In die Marinade legen und zugedeckt 30 Minuten kühl stellen. 1 EL Olivenöl in einem Bräter erhitzen, Fleischstücke trockentupfen und von jeder Seite etwa 15 Sekunden anbraten, herausnehmen und auf einen Teller legen. Die Hälfte der Marinade in den Bräter gießen und einkochen, den Rest des Olivenöls zugeben und die Chips noch einmal etwa 15 Sekunden pro Seite braten. Die Hitze der Herdplatte reduzieren, das Fleisch herausnehmen und warmstellen. Weißwein angießen und den Bratsatz unter Rühren loskochen. Flüssigkeit auf die Hälfte reduzieren, die Sahne zugeben, mit Salz und Pfeffer abschmecken. Nicht mehr kochen! Die Sauce durch ein Sieb in eine Sauciere passieren. Warmstellen.

250 g Spaghetti aus Hartweizengries
1 Knoblauchzehe
Olivenöl
20 g Butter
Salz, schwarzer Pfeffer aus der Mühle

2 ltr. Wasser mit 1 TL Olivenöl und Salz in einem Topf zum Kochen bringen.

Spaghetti hineingeben, kurz umrühren und in etwa 10 Minuten beißfest (al dente) kochen, in ein Sieb abgießen und mit kaltem Wasser abschrecken; abtropfen lassen. Knoblauch schälen und klein würfeln. 2 EL Olivenöl in dem Spaghettitopf erhitzen, den Knoblauch andünsten, die Nudeln hineingeben und unter ständigem Wenden anrösten. Kurz vor dem Servieren schwarzen Pfeffer aus der Mühle über die Spaghetti mahlen.

500 g Mangold
50 g Pistazienkerne
1 Knoblauchzehe
2 EL Olivenöl
schwarzer Pfeffer
1 TL Salz
1 EL süße Sahne
1 Tomate zum Garnieren

Mangold waschen und verlesen. 2 ltr. Wasser mit dem Salz in einem Topf zum Kochen bringen. Mangold hineingeben und 5 Minuten ziehen lassen. In ein Sieb abgießen. Knoblauchzehe schälen und fein hacken. Pistazienkerne grob hacken. Olivenöl im Mangoldtopf erhitzen, Knoblauch und Pistazien dazugeben, etwa 1 Minute dünsten. Dann den Mangold hineingeben, gut vermischen, die Sahne angießen, leicht pfeffern. 2 Minuten bei geringer Hitze dünsten. Warmstellen.
Beim Servieren je zwei Chips mit etwas Gemüse und Spaghetti auf vorgewärmten Tellern anrichten, 1 Löffel Sauce um das Fleisch spiegeln und mit einer Tomatenscheibe dekorieren.

Mohr im Hemd

100 g Butter
140 g Zucker
6 Eigelb
6 Eiweiß
120 g bittere Schokolade
100 g gemahlene Mandeln
einige Blättchen Minze

200 g Schlagsahne
1/2 TL Zucker

Schokolade in ein Gefäß reiben. Eier trennen. Butter und
Zucker schaumig schlagen, die Eigelb dazurühren. Eine Gugel-
hupfform gut ausbuttern. In einem großen Topf etwa 3 Liter
Wasser erhitzen, so daß die Gugelhupfform im Wasserbad genü-
gend Platz hat.
Schokolade und Mandeln unter die Eigelbmasse mischen. Die
Eiweiß zu einem festen Eischnee schlagen und unterheben. Das
Ganze in die Gugelhupfform füllen und im Wasserbad 1 Stunde
kochen. Der Wasserrand muß mindestens bis an den Rand der
Schoko – Mandelmasse stehen (eventuell ein Gewicht auf den
Rand der Gugelhupfform legen).
Sahne und 1/2 EL Zucker fest schlagen. Mohr vorsichtig auf
einen schönen Teller stürzen, mit Minze und Schlagsahne deko-
rieren und auf den Tisch bringen. In Kuchenstückform am Tisch
servieren.

Notizen

STEINBOCK

"Ich gebrauche"

Planet: Saturn
Element: Erde
Farbe: dunkle Töne (braun, grün)
Körperteil: Knie, Skelett

Anfänglich war der Steinbock als Ziegenfisch dargestellt, eine Mischgestalt aus Bock und Fisch. Als Sternbild erscheint er schon auf altbabylonischen Grenzsteinen. Man rechnet ihn zu den ältesten Tierkreiszeichen.

Ehrgeizig ist er, der Steinbock, ausdauernd und gewissenhaft. Er ist ein dankbarer Zuhörer, ein ruhiger, leicht zufriedenzustellender Gast. Beim Speisen und Kochen muß es bei ihm stets ohne Hektik zugehen. Er nimmt sich viel Zeit, genießt für sich, freut sich aber auch ganz besonders, wenn es anderen ebenso schmeckt,

STEINBOCK
22.12.–20.1.

und wenn auch sie zufrieden sind. Die Steinbock-Frau ist eine verlässliche Köchin, ihre Gerichte sind traditionell, ein wenig konservativ aber ausgesprochen wohlschmeckend. Ihr mißlingt selten etwas, sie hat ihre Kochtöpfe und Pfannen fest im Griff.

Für den Steinbock-Koch ist der Schritt von Großmutters Rezepten zur modernen, einfallsreichen Küche sehr groß, und oft hilft nur ein kleiner, wohlgemeinter Anschub des Partners, vielleicht in Form eines Kochbuchs (!) als Geburtstagsgeschenk. Aber Vorsicht, machen wir dem Steinbock klar, daß das Geschenk kein Tadel sondern lediglich eine Ideenhilfe sein soll. Seine Gefühle sind leicht verletzbar. Was soll man nun für den Steinbock zubereiten, genügsam

und konservativ wie er ist?
Nun, die Auswahl ist bei weitem
größer als man auf den ersten
Blick annehmen könnte. Ge-
backene, geröstete Speisen, oftmals
mit langen Kochzeiten, sind Steinbock und Saturn zuzuordnen.

Salzig, bitter oder scharf gewürzt dürfen die Gemüse sein.
Sellerie, Mangold, deftiges Weiß-
und Blankraut, Linsen oder
Sauerkraut sind eine gute Wahl.

Schweinefleisch in jeder Form-
besonders knuspriges Spanferkel-
würziger, luftgetrockneter Schinken
stehen auf der Speisekarte.

Dazu wird z.B. ein Gurkensalat
mit Brunnenkresse, scharfem Senf
und etwas Sauerrahm serviert.

Bodenständig ist die Auswahl
bei Fisch und Geflügel: ein
Karpfen mit Karotten-Sellerie-Ge-
müse, ein gegrilltes Hähnchen
mit Kräuterfüllung-besonders

Salbei und Rosmarin – treffen die
Geschmacksrichtung des Steinbocks
genau.
Keine Experimente sind bei den
Nachspeisen angebracht: ein selbst
zubereitetes Eis, hier hat der
kälteste der Planeten, Saturn, seine
Hand im Spiel, knackiges, frisches
Obst, und der Steinbock-Mensch
ist rundum zufrieden. Lassen wir
also bei ihm die Finger von
tropischen Früchten oder auf-
wendigen Cremes.
Wer so gut zum Steinbock paßt
wie Stier und Jungfrau – seine
zweite Seelenhälfte –, Fische oder
Skorpion weiß sicher, daß man
den Steinbock bei Tisch aufhellen
und aufmuntern muß.
Dunkle Farben, dunkles Grau etwa,
die der Steinbock an sich sehr
mag, sollte man versuchen, mit
einigen Farbtupfern in der Dekoration aufzulockern. –

Menüvorschlag

Gefüllte Pilzköpfe

Bayerische Ente
Laugensemmelknödel
Blaukraut

Topfenpalatschinken

Dazu ein leichter, fruchtiger Rotwein:
Französischer Cabernet aus Anjou oder Roussillon
Elsässer Pinot Noir
Italienischer Bardolino
Temperatur: 16^0 C

Gefüllte Pilzköpfe

12 große weiße Champignons
100 g Geflügelleber
2 Schalotten (40 g)
1/2 Bund Petersilie
1 TL Thymian (bei getrocknetem Thymian 1/2 TL)
1 cl trockener Sherry
1 Eigelb
20 g Butter
2 EL geriebenes Weißbrot oder Semmelbrösel
1 Messerspitze Knoblauchpulver
Salz, Pfeffer
2 Tomaten zum Garnieren

1 Baguette

Champignons putzen, den Fuß gut herausschneiden (etwa
3 1/2 cm breit und so tief wie möglich). Schalotten schälen und
fein hacken. Petersilie und Thymian waschen und fein hacken.
Schalotten in der Butter andünsten. Geflügelleber, Petersilie,
Thymian, geriebenes Weißbrot und Knoblauchpulver dazugeben. Unter gleichmäßigem Wenden etwa 3 Minuten dünsten,
mit dem Sherry ablöschen. Abkühlen lassen.
Das Eigelb unterziehen, leicht pfeffern und salzen. Die Masse in
die Champignonköpfe füllen.
Eine feuerfeste Form ausbuttern, gefüllte Champignons
einlegen.
Das Backrohr auf 180^{0} C erhitzen und die Pilzköpfe auf mittlerer Schiene 15 Minuten backen.
Zunächst je 2 Champignons mit 1 Scheibe Baguette und
1/2 Tomate auf vorgewärmten Tellern servieren.

Bayerische Ente
Laugensemmelknödel
Blaukraut*

1 bratfertige junge Ente (ca. 1800 g)
Salz, Pfeffer
1 säuerlicher Apfel (Boskop 120 g)
1 Bund Petersilie
40 g Butter
1 große dünne Scheibe frischer Speck
20 g Mehl
1/8 ltr. süße Sahne
1/8 ltr. heißes Wasser

Ente eventuell ausnehmen, unter kaltem Wasser abspülen, mit
Haushaltspapier trockentupfen. Außen und innen mit Salz und
Pfeffer einreiben. Apfel waschen, vierteln, entkernen. Petersilie
waschen und zusammen mit den Apfelstücken in die Ente
füllen, mit Küchengarn zunähen. Die Speckscheibe auf die
Brust auflegen und mit Küchengarn festbinden.
Butter in einem Bräter erhitzen, Ente auf allen Seiten leicht
anbraten. Im auf 200⁰ C vorgeheizten Ofen mit dem Speck nach
oben auf mittlerer Schiene etwa 80 Minuten weiterbraten.
Zwischendurch mit heißem Wasser und Bratfond übergießen.
Öfters nachsehen, damit die Ente nicht zu dunkel wird. Bei
Bedarf auf die untere Schiene schieben.
Ente herausnehmen, warmstellen, kurz vor dem Servieren tran-
chieren, Äpfel je nach Geschmack mitservieren. Bräter auf den
Herd stellen, eventuell Fett abschöpfen. Sahne und Mehl
vermischen und unter die heiße Sauce rühren. Hitzezufuhr
reduzieren. Die Sauce mit Pfeffer und Salz abschmecken, durch
ein Sieb passieren und warmstellen.

3 Laugensemmeln
1/2 Zwiebel (20 g), 2 Eier
1/2 Bund Petersilie, Pfeffer, Salz
1/8 ltr. Milch
300 g Mehl, 10 g Hefe
1 EL Zucker, 20 g Butter

Laugensemmeln klein würfeln. Hefe zerbröckeln, mit dem
Zucker in 1 EL warmer Milch aufgehen lassen.
Nach etwa 5 Minuten mit der restlichen Milch, den Eiern, Mehl
und Salz in einer Schüssel zu einem Teig verkneten, bis dieser
Bläschen bildet. Mit einem Tuch zugedeckt 20 Minuten
aufgehen lassen. Petersilie waschen, zupfen und kleinwiegen.
Laugensemmelwürfel in Butter leicht anrösten und mit der
Petersilie kräftig unter den Teig kneten. Teigmenge halbieren
und zwei Rollen mit je 4 cm Durchmesser formen. In
kochendes, leicht gesalzenes Wasser geben. Die Knödel müssen
frei schwimmen können. In 25 Minuten gar ziehen lassen
(nicht kochen). Nach der Hälfte der Zeit wenden. Schräg in
2 cm dicke Scheiben schneiden und servieren.

1 kg Blaukrautkopf
100 ml Rotweinessig
1 Zwiebel (30 g)
1 säuerlicher Apfel (100 g) z. B. Gravensteiner
20 g Zucker
20 g Butter
1/8 ltr. Rotwein
1/8 ltr. Fleischbrühe
2 Lorbeerblätter
1 Nelke
1 TL Reis
Pfeffer, Salz

Strunk und äußere Blätter vom Kohlkopf entfernen. Kohl in
schmale Streifen schneiden oder raspeln. In einem Gefäß gut
salzen und den Essig zugießen. Durchmischen und etwa
4 Stunden ziehen lassen.
Zwiebel schälen und fein würfeln, Apfel schälen, entkernen und
reiben. Butter in einem Topf erhitzen, Zwiebel, Zucker und
geriebenen Apfel andünsten. Das Blaukraut zufügen, kurz
anschmoren. Den Rotwein und die Fleischbrühe angießen,
Lorbeerblätter, Nelke und Reiskörner zugeben, alles durchmischen und 25 Minuten im zugedeckten Topf garen. Mit Salz
und frisch gemahlenem Pfeffer abschmecken, Nelke und
Lorbeerblätter herausnehmen.

Topfenpalatschinken
mit Zwetschgenkompott*

für den Teig:
250 g Mehl
4 Eier
1/2 ltr. Milch
1 Prise Salz

1 EL Puderzucker zum Garnieren

für die Füllung:
60 g Butter, 60 g Zucker
3 Eigelb, 3 Eiweiß
1/2 TL geriebene Zitronenschale
300 g Quark, 200 g Sauerrahm
3 EL Rosinen
100 g Butter zum Backen

für die Sauce:
2 EL Zucker, 1/8 ltr. Milch, 1 Ei
verrühren

In einer Schüssel Mehl mit Eiern, Milch und Salz zu einem geschmeidigen Teig verarbeiten. Zugedeckt 20 Min. ruhen lassen. Butter mit Zucker und Eigelb in einer Schüssel schaumig rühren, Zitronenschale dazugeben. Rosinen mit heißem Wasser überbrühen, abtrocknen, mit dem Quark und dem Sauerrahm zu einer gleichmäßigen Masse verrühren. Eiweiß zu sehr steifem Eierschnee schlagen und unter die Quarkmasse heben.

In einer kleinen Pfanne etwas Butter erhitzen, einen Schöpflöffel Teig hineingeben und in etwa 1 1/2 Minuten auf der Unterseite goldgelb backen. Umdrehen und noch etwa 1 Minute backen. Warmstellen. Insgesamt ergibt das Rezept etwa 10 Palatschinken.

Mit der Füllung bestreichen und aufrollen. In eine flache ausgebutterte Form legen. Backofen auf 180° C vorheizen. Eiersauce über die Palatschinken gießen und etwa 30 Minuten backen.

300 g Pflaumen oder Zwetschgen
2 cl Zwetschgenwasser
3 EL Wasser, 3 EL Zucker, 1/2 Zimtstange

Zwetschgen waschen, halbieren und entsteinen. Wasser, Zwetschgenwasser, Zucker und Zimtstange in einem großen Topf zum Kochen bringen. Die Zwetschgen hineingeben und zugedeckt bei milder Hitze 8 Minuten garen lassen. Zimtstange herausnehmen. Das Kompott abkühlen lassen und zum Topfenpalatschinken servieren. Den Tellerrand mit Puderzucker bestreuen.

Tip: In der Jahreszeit des Steinbocks gibt es bei uns keine frischen Zwetschgen oder Pflaumen. Jetzt ist die Zeit des Eingemachten! Wenn man Dörrpflaumen nimmt genügen 200 g, die man in Wasser 2 Stunden quellen läßt.

Notizen

WASSERMANN

"Ich weiß"

Planet: Uranus
Element: Luft
Farbe: gelb, orange, hellblau
Körperteil: Unterschenkel, Waden,
          Knöchel, Blutkreislauf

Möglicherweise ist der Wassermann, ähnlich wie die Jungfrau zur Ähre, zum Sternbild eines Kruges dazu erfunden worden. In ägyptischen Handschriften wird er als Mann mit zwei Krügen – und so wohl als Nilgott – dargestellt.
Bezeichnend für den Wassermann ist sein Element, die Luft. So schwierig wie sie zu greifen und zu halten ist, so wild, fortschrittlich und nach Freiheit drängend ist auch er. Immer strebt er nach Neuem, das Mittelmaß ist ihm fremd, er ist ein Mensch der Extrema, des Besonderen.

WASSERMANN
21.1 - 19.2

Wir finden ihn viel in Kneipen und Wirtshäusern, aber auch bei der Weinprobe in der Toskana.

Für ihn ist ausgefallenes Essen, sind spontane, erfindungsreiche Gerichte wichtig und interessant. Er probiert häufig fremdländische Rezepte aus, "werkelt" wild in Küche und Eßzimmer. Sein Planet, der Uranus, gilt als 'Stern des Chaos', doch verleiht er dem Wassermann auch Erfindungsgabe und Intuition.

So kommen letztlich schmackhafte Speisen und überraschende Kombinationen aus Kochtopf und Bratpfanne.

Der Tisch ist in hellen gelb-und Blautönen gedeckt, mit frischen Blumen geschmückt, wobei deren Duft nicht zu stark sein und dadurch mit dem Geruch der Speisen konkurrieren sollte.

Gut gewürzte Suppen mit einfallsreichen Einlagen, gut gekühltes

Gemüse mit schmackhaften Schalen-
tieren, exquisit zubereitete Schnecken
als Vorspeise erfreuen den Wassermann und stimmen ihn ein auf
ein 'umwerfendes' Hauptgericht.

Wasservögel, wie Ente oder Gans,
gehören zu den besonderen
Leckerbissen, mit denen man vor
allem eine Wassermann-Frau
verwöhnen kann. Aber auch
mit den besten Teilen von Schwein
und Rind – Lende und Filet –,
zu denen vor allem Getreidebei-
lagen, einfallsreiche Nudeln aus
Hartweizengrieß mit pikanten
Füllungen passen, kann man
sie locken.
Jederzeit ist der Wassermann
aber über fremdländische Gerichte erfreut. Ich schlage eine
chinesische Ente vor oder ein
Huhn nach indischer Art, ab-
geschmeckt mit speziellen Ge-
würzen, in delikate Saucen

eingelegt.

Natürlich sollten auch die Nachspeisen ausgefallen sein.

Früchte, kandiert oder eingelegt in
Honigsaucen, Halbgefrorenes und
süße Kuchen jeder Art liebt besonders der Wassermann-Mann.

Was soll's noch sein? Ein leichtes
Omelett, hauchdünne Crêpes
flambiert mit Likör, danach
ein Espresso mit viel Zucker.

Eine Zigarette oder Zigarre runden,
wie die Astrologiestatistik zeigt,
so manches Wassermann-Menü
ab.

Unter diesem Sternzeichen finden wir
im übrigen viele Vollwertkostanhänger.
Zum nachmittäglichen Kaffee paßt
also ein Vollwertkuchen mit eingemachten Pflaumen ausgezeichnet.

Gern gesehene Gäste bei Wasser-
manns sind Zwillinge, Waage, Widder
und Schütze. In so manchem Astrologiebuch gelten sie als geeignetste Partner. —

Menüvorschlag

Kerbelsuppe mit Kalbsnockerln

Eingewickelte Schweinemedaillons
Broccolistrudel

Galette Eve – Marie

Dazu ein leichter, trockener, junger Weißwein:
Französischer Côte du Rhône
Vin de Corse
Deutscher Riesling
Temperatur: $8 - 10^{0}$ C

Kerbelsuppe* mit Kalbsnockerln

100 g frischer Kerbel
20 g Butter
1/2 Zwiebel (20 g)
3/4 ltr. heiße Fleischbrühe
1 EL Mehl
1 EL Sahne
Salz, Pfeffer

Kerbel waschen und abtropfen lassen, zupfen. Die großen Stiele
entfernen. Mit dem Wiegemesser fein wiegen. Butter in einem
Topf erhitzen, Zwiebeln darin glasig dünsten. Mehl anschwitzen.
Fleischbrühe unter kräftigem Schlagen mit dem Schneebesen
langsam angießen (es dürfen sich keine Mehlklumpen bilden).
Den Kerbel in die Suppe geben und 10 Minuten bei milder
Hitze ziehen lassen, die Sahne unterrühren, mit Salz und Pfeffer
abschmecken.

120 g Kalbsbrät
30 g Butter
30 g Semmelbrösel
1 Ei
Salz
1 cl Sherry Medium

Das Ei verquirlen. Die Butter schaumig rühren, abwechselnd
Semmelbrösel, Ei und Kalbsbrät zugeben. Leicht salzen und
den Sherry unterrühren.
1 ltr. Wasser mit 1 TL Salz in einem Topf zum Kochen bringen.
Mit zwei Teelöffeln kleine Nockerln formen, in das kochende
Salzwasser legen und 10 Minuten leise köcheln lassen.
Die fertigen Nockerln vor dem Servieren etwa 3 Minuten in der
heißen Kerbelsuppe ziehen lassen.

*Tip: Immer ein Probenockerl kochen, eventuell wenig Mehl unter die Brätmasse
mischen.*

Eingewickelte Schweinemedaillons
Broccolistrudel

500 g Schweinefilet
50 g Bayonner Schinken (hauchdünn geschnitten)
50 g Champignons
1/8 ltr. trockener Weißwein
1 EL Olivenöl
4 EL Crème fraîche
1/2 Bund Petersilie
Salz, frischer schwarzer Pfeffer aus der Mühle

Petersilie waschen, entstielen und klein hacken. Champignons
putzen und waschen, in Scheiben schneiden.
Die Schweinefilets häuten und waschen, mit Haushaltspapier
trockentupfen. Das Fleisch in 3 cm dicke Scheiben schneiden
und mit dem Handballen leicht flach klopfen.
Öl in einer Pfanne erhitzen. Die Fleischscheiben von jeder Seite
3 Minuten anbraten, pfeffern und aus der Pfanne nehmen.Die
Hitze reduzieren, und die Butter in der Pfanne schmelzen.
Medaillons noch einmal 1 Minute auf jeder Seite anbräunen.
Herausnehmen und warm stellen. Die Champignons in die
Pfanne geben und unter Wenden 3 Minuten dünsten, den Weißwein angießen und den Bratsatz loskochen. Flüssigkeit auf etwa
die Hälfte reduzieren. Die Crème fraîche dazugeben und unter
Rühren 2 Minuten ziehen lassen. Mit Pfeffer und Salz
abschmecken, die Petersilie hineingeben und gut verrühren.
Warm stellen.
Backrohr auf 180^0 C erhitzen.
Die warmen Medaillons in je 1 Scheibe Schinken wickeln, auf
ein Backblech legen und 5 Minuten in das Rohr stellen. Auf
vorgewärmten Tellern mit 1 EL Sauce und einer etwa
5 cm breiten Scheibe Broccolistrudel servieren.

1 Karotte (40 g)
100 g Kohlrabi, 150 g Broccoli
1/2 Zwiebel (20 g)
2 Eigelb
2 EL süße Sahne
Butter zum Dünsten
Salz, Pfeffer

Gemüse putzen und waschen. Die Karotte und den Kohlrabi in schmale Streifen schneiden, die Broccoliröschen klein teilen, die mittleren Strünke in schmale Streifen schneiden, die größeren wegwerfen. Die Zwiebel schälen und klein würfeln, in wenig Butter glasig dünsten.

1 ltr. Wasser in einem Topf zum Kochen bringen, Gemüse hineingeben und 8 Minuten kochen. In ein Sieb gießen und gut abtropfen lassen. Eigelb und Sahne in einer Schüssel vermengen, das Gemüse daruntermischen, mit Salz und Pfeffer würzen.

250 g Weizenmehl Type 405
2 EL Öl
1 EL lauwarmes Wasser
1/2 TL Salz
40 g zerlassene Butter zum Bestreichen
150 g Semmelbrösel

Das Mehl in eine Schüssel sieben, in die Mitte eine Mulde drücken. Öl, Wasser und Salz hineingeben und alles zu einem geschmeidigen Teig verarbeiten, der sich gut vom Schüsselrand ablöst. Mit zerlassener Butter bestreichen, die Schüssel mit einem feuchten Tuch abdecken und den Teig 30 Minuten ruhen lassen.

Teig auf einer bemehlten Unterlage dünn ausrollen. Ein trockenes Tuch mit Mehl bestäuben, den Teig darüber -erst mit den Handrücken, dann mit den Fingern – etwa rechteckig so ausziehen, daß er durchsichtig ist. Auf das Tuch auflegen, dicke Ränder abschneiden und wegwerfen oder als Einlage für eine Suppe verwenden. Den Teig mit zerlassener Butter bestreichen, die Semmelbrösel darauf verteilen, einen 2 cm breiten Rand lassen.

Die Füllung darauf verteilen und den Strudel durch Anheben des Tuches aufrollen, die Teigränder seitlich einschlagen.

Das Backrohr auf 220^0 C vorheizen.

Ein Backblech buttern, den Strudel daraufgeben, in das Rohr schieben und auf mittlerer Schiene 10 Minuten backen. Mit flüssiger Butter überstreichen und nochmals 15 Minuten backen.

Galette Eve – Marie

25 g Hefe
5 EL warmes Wasser
350 g Mehl
1 TL Salz, 25 g Zucker
2 Eier
1 Zitrone
200 g Butter

20 g Zucker, 40 g Butter
Schale einer halben ungespritzten Orange
100 g bittere Orangenmarmelade
1 EL Grand Marnier

200 g Butter in einer kleinen Schüssel weichkneten. Die Orange warm waschen, abtrocknen, hauchdünn schälen und die Schale in feine 2 cm lange Streifen schneiden. Die Hefe zerbröckeln und in 3 EL warmes Wasser 10 Minuten aufgehen lassen. Zitronenschale reiben und mit Mehl, Zucker und Salz in einem Gefäß vermischen. In der Mitte eine Mulde drücken, Hefe, Eier und weichgeknetete Butter hineingeben. Zu einem geschmeidigen Teig verarbeiten, eventuell noch das restliche Wasser hinzufügen. Zugedeckt 1 Stunde gehen lassen. Den Teig in 2 Hälften teilen, auf einer mehlbestäubten Fläche papierdünn ausrollen. Kleine, runde Teigstücke mit etwa 15 cm Durchmesser ausschneiden. Den Backofen auf 230° C vorheizen. Teigstücke auf ein eingefettetes Backblech legen, Butterflöckchen daraufsetzen und mit Zucker bestreuen. 5 Minuten auf der mittleren Schiene des Backofens, dann weitere 2 Minuten auf der obersten Schiene goldgelb backen. In dieser Zeit die Orangenkonfitüre mit dem Grand Marnier vermischen und in einem kleinen Topf erhitzen. Backblech aus dem Rohr nehmen, die Galettes mit einem Heber umdrehen und mit der Konfitüre bestreichen. Zusammenfalten und je 1 Galette auf einem Dessertteller anrichten. Mit der geschnittenen Orangenschale bestreuen, mit Puderzucker den Tellerrand dekorieren und sofort servieren.

Tip: Gut schmeckt dazu Schlagsahne oder Vanilleeis. Die Galettes kann man auch sehr schön mit Grand Marnier flambieren.

Notizen

FISCHE

"Ich erfahre"

Planet: Neptun
Element: Wasser
Farbe: weiß - lila - violett
Körperteile: Füße, Zehen

Dieses Sternbild wird bei Ptolemäus als nördlicher und südlicher Fisch beschrieben, die beide durch ein Band mit einem Knoten zusammenhängen.

Fische-Menschen sind oft schwer erfaßbare Naturen. Häufig sieht man ihr Wesen, genauso wie wenn man in ihr Element, das Wasser, blickt, nur in verschwommenen Konturen.

Eher phlegmatisch, manchmal aber auch sanguinisch aufgeheitert, lassen sie sich am ehesten von Skorpion, Krebs, Steinbock oder Stier zum Leben erwecken. Vor allem Fische-Frauen sind höchst sensibel und leicht verwundbar. Sie sind

FISCHE
20.2.-20.3.

bekannt für ihre hingebungsvolle Hilfs-
bereitschaft, ihre Gutmütigkeit. Sie
trösten, bemuttern und bekochen
ihren Partner. Ihre Gastfreundlich-
keit ist sprichwörtlich.
Besonders der Fische-Mann möchte
liebevoll versorgt und umworben
sein. Verführen wir ihn also auch
zu einem optischen Eßgenuß:
Der Tisch wird für das Menü in
Weiß gedeckt, mit dem besten
Porzellan, dem edelsten Besteck und
den schönsten Gläsern.
Als Hauptgericht ist Fisch jeder
Art angesagt: heimische Süßwasser-
fische, Forelle, Hecht oder Waller,
festfleischiger junger Karpfen,
aber auch Seefisch, Lachs, Scholle,
Seezunge oder Seeteufel.
Wichtig ist dabei vor allem die
richtige Zubereitung: Eher gebraten oder gegrillt als gekocht,
mit milden Soßen (Senf, Estragon,
Dill, Sauerrahm), nicht zu üppig,

lieber leicht und bekömmlich. Die ideale Hauptbeilage zu Fisch ist Reis, aber auch Kartoffeln, gekocht, gebraten oder gebacken eignen sich ausgezeichnet.

Ganz so einseitig im Geschmack, wie man jetzt vielleicht glauben mag, sind die Fische aber nicht. Wenn auch Rind- und insbesondere Schweinefleisch weniger beliebt sind, stehen doch Geflügel, Lamm und Wild hoch im Kurs.

Dazu ein "Jupitergemüse", da dieser stellvertretend für Neptun die Koch- und Eßgewohnheiten des Fisches beherrscht:

Ich würde Artischocken, Karotten oder Chicorée, Schwarzwurzel, Kürbis und leicht bittere Salate wählen.

Auch hier bestimmen Würz- und Marinierformen den Geschmack entscheidend mit.

Aber der Fische-Mann gibt sich auch

einmal, wenn es schnell gehen soll, mit Pellkartoffeln, etwas Butter und Salz, einem kleinen Matjesfilet, dazu einen gut gekühlten Chablis oder ein frisches Bier, zufrieden. Besonders der Fische-Frau regt das wohlig weiche Gefühl des Alkohols – am liebsten edle Weine und Champagner – die Phantasie an. Sie kann dann Zukunftspläne schmieden, philosophieren, den Tischnachbarn becircen. Aber Vorsicht: So mancher Fisch ist gefährdet, im so geliebten Feuerwasser zu 'ertrinken.

Als Nachspeise wird immer gut Gesüßtes bevorzugt. Es bieten sich Erdbeeren oder Heidelbeeren an, die allerdings am Fische-Geburtstag nicht frisch erhältlich sind. Mehr als nur ein Ersatz sind dann z.B. in Rum eingelegte Früchte mit süßer Schlagsahne. –

Menüvorschlag

Lachsklößchensuppe

Lachsfilets mit Dillsauce
Gebratener Reis
Selleriegemüse

Birnencharlotte

Dazu einen reifen, abgerundeten Weißwein:
Französischer Burgunder, Meursault, Puilly – Fuissé
Französischer Muscadet (Loire)
Temperatur: 10^0 C

Lachsklößchensuppe*

220 g Lachsfilet
2 Eier
1/2 ltr. Kalbsbrühe aus Würfeln
0,4 ltr. Fischfond (siehe Notizen,
    oder aus dem Glas)
1/2 Zwiebel (20 g)
1/8 ltr. trockener Weißwein
1 TL Öl
3 Pfefferkörner
1/8 ltr. Sahne, 10 g Safranfäden
1 Bund frischer Dill

für die Panade:
60 g Mehl
2 Eigelb
30 g zerlassene Butter
1/10 ltr. Milch
1 Prise Salz, Pfeffer, Muskat

dazu: frisches Stangenweißbrot

Zuerst die Panade zubereiten: Mehl sieben und mit den Eigelb und der Butter in einem Topf vermischen, die Milch erhitzen und langsam dazugeben. Würzen und bei kleiner Hitze unter ständigem Rühren mit dem Schneebesen kurz aufkochen lassen. Im Kühlschrank kalt stellen.

Den Lachs waschen, trockentupfen und in kleine Stücke schneiden. Diese im Mixer mit den zwei Eiern und einer Prise Salz aufmixen, die abgekühlte Panade zugeben und zu einem Teig vermischen. Durch ein Sieb streichen. Farce über Nacht zugedeckt in den Kühlschrank stellen.

Für die Suppe zunächst die Zwiebel schälen und klein würfeln. Öl in einem Topf erhitzen. Zwiebeln darin glasig dünsten, den Wein angießen, Pfefferkörner dazugeben und 3 Minuten köcheln lassen. Den Fischfond und den Safran (einige Fäden aufheben) zufügen und auf 3/4 reduzieren. Sahne einrühren und wiederum kurz köcheln lassen. Mit Salz und Pfeffer abschmecken.

Fischfarce aus dem Kühlschrank nehmen, nochmals kurz durchmischen. Mit zwei Teelöffeln ein Probeklößchen abstechen und in die heiße (nicht kochende !) Suppe geben. 6 Minuten ziehen lassen und probieren. Eventuell etwas Mehl zufügen, dann alles verarbeiten. Klößchen mit einem Schaumlöffel herausholen, zugedeckt warmstellen. Dill waschen und klein schneiden. Suppe durch ein Sieb gießen, die restlichen Safranfäden dazugeben. Mit je drei Lachsklößchen und etwas frischem Dill in vorgewärmten Suppentellern sofort servieren.

Tip: Übrige Klößchen (das Rezept ergibt etwa 25 Stück) kann man ausgezeichnet etwa zwei Monate einfrieren.

Lachsfilet mit Dillsauce
Gebratener Reis*, Selleriegemüse*

4 Lachsfilets (je ca 200 g)
Saft einer halben Zitrone
30 g Butter
50 g weiße Champignons
1 Bund Dill
1/8 ltr. trockener Weißwein
1/8 ltr. Fischfond (siehe Notizen, oder aus dem Glas)
1/2 TL scharfer Senf
2 EL Creme fraiche
Pfeffer, Salz

Lachsfilets kurz unter kaltem Wasser abspülen und mit Küchenpapier trockentupfen. Champignons putzen, waschen und
abtropfen lassen. In Scheiben schneiden (einen schönen Pilz
zum Garnieren aufheben). Lachs mit Zitronensaft beträufeln,
pfeffern und 5 Minuten ziehen lassen. Butter in einem Bräter
erhitzen, Lachsfilets hineingeben und auf beiden Seiten leicht
anbraten, herausnehmen und warmstellen. Champignons in den
Bräter geben und 3 Minuten braten. Weißwein und Fischfond
zugeben und auf die Hälfte einkochen. Dill waschen und fein
schneiden (einige schöne Endblättchen zum Garnieren
aufheben).
Senf und Creme fraiche in die Sauce einrühren, Fischfilets
einlegen und noch 8 Minuten bei milder Hitze ziehen lassen.
Filets auf vorgewärmten Tellern anrichten. Geschnittenen Dill in
die Sauce geben. Bei Bedarf etwas Fischfond unterrühren und
Sauce verdünnen. 2 EL Sauce auf jedes Lachsfilet geben, 1 EL
gebratenen Reis und Selleriegemüse anrichten, sowie mit einer
Scheibe frischem Champignon und einigen Blättchen frischem
Dill garnieren. Sofort servieren!

1 1/2 Tassen Langkornreis
2 Tassen Wasser
1 Tasse Fleischbrühe aus Würfeln
1/2 Zwiebel
2 Lorbeerblätter, 2 EL Olivenöl
2 EL Pinienkerne, 1 Knoblauchzehe

Reis, Wasser und Fleischbrühe mit der Zwiebel und den Lorbeerblättern in einen Topf geben. Zugedeckt zum Kochen bringen. Wenn die Flüssigkeit kocht, dann die Hitzezufuhr auf die kleinste Stufe reduzieren. Den Reis etwa 20 Minuten zugedeckt ziehen lassen. Er muß gut trocken sein. Zwiebel und Lorbeerblätter entfernen. Knoblauchzehe schälen und klein würfeln. Pinienkerne klein hacken. Öl in einem Topf erhitzen, Knoblauch und Pinienkerne hineingeben und andünsten. Reis dazugeben und unter ständigem Wenden etwa 5 Minuten bei mittlerer Hitze mitbraten. Warmstellen.

4 Stangen Stauden- oder Bleichsellerie (ca. 400 g)
1/8 ltr. Fleischbrühe
1/2 ltr. Wasser
2 EL süße Sahne
Salz, Pfeffer, Zucker

Sellerie waschen, Wurzelenden abschneiden und wegwerfen. Einige Blätter aufheben und klein schneiden. Die Stangen in 1 cm breite Streifen schneiden. Wasser und Fleischbrühe mit einer Prise Zucker und Salz in einem großen Topf zum Kochen bringen. Sellerie hineingeben und 20 Minuten kochen. Die feingeschnittenen Blätter 5 Minuten vor Ende der Garzeit dazugeben. Flüssigkeit durch ein Sieb abgießen, das Gemüse wieder in den Topf zurückgeben.
Zum Schluß die Sahne untermischen, mit wenig Pfeffer abschmecken und warmstellen.

Tip: Reis und Gemüse in jedem Fall etwa 1 Stunde vor dem Fisch fertig zubereiten und warmstellen.

Birnencharlotte *

5 nicht zu reife Williamsbirnen (je ca. 180 g)
100 g Waldhonig
1/4 ltr. Wasser
2 Lorbeerblätter
3 Pfefferkörner

3 Blatt weiße Gelatine
7 Eigelb
60 g Zucker
2 Vanilleschoten
1/8 ltr. Milch
2 cl Kirschwasser
400 g süße Sahne
1 - 2 Packungen Löffelbisquit
Schokoraspel zum Garnieren

Die Birnen schälen und vierteln und entkernen. Wasser
erhitzen. Honig, Lorbeerblätter und Pfefferkörner hineingeben
und zum Kochen bringen. Dann die Birnen dazu und bei milder
Hitze ca. 15 Minuten köcheln lassen. Herausnehmen und in
dünne Scheiben schneiden. Kühl stellen.
Gelatine in kaltem Wasser 5 Minuten quellen lassen. Die Eigelb
und den Zucker in einem Topf schaumig rühren. Vanilleschoten
der Länge nach aufschneiden und auskratzen. Die Milch in
einem Topf erhitzen, das Vanillemark dazugeben und zum
Kochen bringen. Die heiße Milch langsam unter den Eischaum
rühren und bei geringer Hitze so lange weiterrühren, bis die
Masse cremig wird. Die ausgedrückte Gelatine unter die heiße
Creme rühren. Das Kirschwasser dazugeben und auskühlen
lassen. Die Sahne schlagen, unter die Creme heben und
1/2 Stunde in den Kühlschrank stellen.
Die Birnen gleichmäßig unter die Creme heben. Eine Glas-
schüssel möglichst eng mit Bisquitstangen auskleiden, die
Creme vorsichtig einfüllen und etwa 6 – 8 Stunden im Kühlschrank fest werden lassen.
Vor dem Servieren auf eine große Glasplatte stürzen, mit Schokoraspeln umstreuen und servieren.

Notizen

Kleine
Kosmische
Kräuterfibel

Liebe Freunde, in einem astrologischen Kochbuch darf natürlich eine Kräuter- und Gewürzlehre nicht fehlen.

Seit der Renaissance forschen die Astrologen nach Affinitäten zwischen den Sternzeichen, ihren Planeten und der Welt der Pflanzen und Kräuter. Eine Zusammenfassung der sogenannten Sympathien möchte ich Euch hier vorstellen:

Widder: Ingwer, Knoblauch, Koriander, Meerrettich, Pfeffer, Rhabarber, Senf, Zwiebel

Stier: Apfel, Aprikose, Erdbeere, Feige, Mandel, Minze, Pfirsich, Salbei, Thymian, Trauben, Wegerich, Weizen

Zwillinge: Baldrian, Bohnenkraut, Dill, Fenchel, Gurke, Haselnuß, Kümmel, Minze, Möhren, Petersilie, Walnuß, Wacholderbeeren, Zitronenmelisse

Krebs: Champignon, Endivie, Gurke, Johannesbrot, Kohl, Kürbis, Rosmarin, Ysop

Löwe: Löwenzahn, Lorbeer, Muskat, Pimpernell, Reis, Safran, Sonnenblume, Südfrüchte, Zimt

Jungfrau: Fenchel, Gurkenkraut, Haselnuß, Majoran, Roggen, Rhabarber, Weizen

Waage: Erdbeere, Johannisbeere, Kichererbse, Kresse, Olive, Pfirsich

Skorpion: Aprikose, Basilikum, Champignon, Distel, Heidelbeere, Pfirsich, Zwiebel

Schütze: Birne, Feige, Himbeere, Majoran, Petersilie, Salbei, Spargel

Steinbock: Gerste, Hopfen, Quitte, Radieschen, Sellerie, Thymian

Wassermann: Artischoken, Getreide, Kamille, Kapuzinerkresse, Lindenblüten, Lorbeer, Pflaume, Rosmarin, Salbei

Fische: Angustora, Anis, Birne, Gurkenkraut, Mohn, Spinat, Zimt

Mehrfachnennungen ergeben sich zumeist aus dem Einfluß der beherrschenden Planeten. Für viele Gewürze und Kräuter finden sich allerdings in der Literatur keine Affinitäten.

Gewürze machen die Speisen leichter verdaulich, sie entgiften und entschlacken den Körper, regen den Kreislauf an und beugen Arterienverkalkung vor. Richtig ausgewählt und kombiniert machen sie unsere Speisen schmackhafter und abwechslungsreicher.

Pfeffer ist für mich eines der wertvollsten und am besten zu

verwendenden Gewürze. Er fördert
unter anderem die Durchblutung
der Haut an Stirn und Händen,
verstärkt den Speichelfluß um
das Zehnfache und ermöglicht so
eine schnellere Verdauung. Frisch
gemahlen und in Maßen verwendet verleiht er Fleisch, Gemüsen und Nudelgerichten einen
herrlichen Geschmack. Er soll
kurz vor dem Servieren mit der
Pfeffermühle direkt auf den
belegten Teller gemahlen werden.
	Salz hingegen nehme ich
nur äußerst wenig, und wenn,
dann stets nur natriumarmes
Kochsalz.
Der besondere Geschmack kommt
aus den Gewürzkräutern. Wir
unterteilen sie in fünf Haupt-
gruppen:
	Samen- oder Fruchtteile
		(Kümmel, Pfeffer, Paprika,
		Vanille)

Blüten oder Knospen (Safran, Nelken)
Blätter und Blatttriebe (Basilikum,
Dill, Lorbeer, Petersilie, Estragon,
Salbei, Schnittlauch, Thymian etc.)
Wurzelstücke und Rhizome (Knob-
lauch, Zwiebeln) und
Wurzeln (z.B. Liebstöckl)

Wenn es um die richtige Dosierung
geht, meine ich, sollte man grundsätzlich mit Kerbel, Zitronenmelisse
oder Petersilie großzügig umgehen,
sparsam mit Majoran, Beifuß,
Thymian und Liebstöckl.
Rosmarin und Bohnenkraut ebenso wie Beifuß und Thymian sollen
mitkochen. Ganz frisch und
erst kurz vor dem Servieren werden gewaschen, geschnitten und
zugefügt:
Dill, Kerbel, Schnittlauch, Zitronenmelisse oder Basilikum.
Guter Geschmack und hoher
Vitamingehalt sind so gesichert.

Und noch etwas! Wenn Ihr getrocknete Gewürze zu Hause habt, denkt daran, daß sich ihr Aroma länger hält, wenn sie gröber gemahlen sind und trocken aufbewahrt werden.

Für den Winter bereite ich übrigens schon im Herbst kleine Kräuterwürfel vor. Eine frische Mischung (meist Petersilie, Maggikraut, Thymian und Basilikum) fein hacken und mit wenig Wasser in eine Eiswürfelform geben und frieren. Dann die einzelnen Würfel in Alufolie im Gefrierschrank bevorraten. Das ist prima für Saucen oder Suppen. Wenn Ihr Trockenkräuter aus dem Glas verwendet, dann solltet Ihr sie vorher etwa zwei Stunden in etwas Olivenöl quellen lassen. Dann erst entfalten sie ihr volles Aroma.

Notizen

Fischfond

1 kg Fischkarkassen
50 g Stangensellerie
100 g Lauch (nur das Weiße verwenden)
1 Zwiebel (40 g)
1/2 Bund Petersilie
4 Pfefferkörner(zerdrücken)
1/2 TL Salz
1 Stengel Thymian
2 Lorbeerblätter
30 g Butter

Gemüse säubern und fein schneiden. Butter in einem großen Topf erhitzen und das Gemüse andünsten. Die restlichen Zutaten in den Topf geben und 1 ltr. Wasser angießen. Ganz langsam zum Kochen bringen. Ohne Deckel 20 Minuten sieden lassen, dann durch ein Tuch abseihen.

Tip: Der Fond läßt sich gut in kleinen Portionen einfrieren und verfeinert alle Fischsaucen oder -suppen.

Hühnerbrühe

1 küchenfertiges Suppenhuhn (ca. 1200 g)
1 Zwiebel
2 1/2 ltr. Wasser
2 Bund Suppengrün
1/2 Knoblauchzehe
Salz, Pfeffer

Das Suppenhuhn unter kaltem Wasser säubern. Die Innereien entfernen, nur die Leber aufheben. Das Huhn in einem Topf mit 2 1/2 ltr Wasser zum Kochen bringen. Zwiebel schälen, vierteln und dazu geben. Den Topf zudecken und etwa 60 Minuten köcheln lassen. Das Suppengrün putzen und in große Stücke schneiden, die Knoblauchzehe kleinhacken und alles in den Topf geben.
Die Brühe leicht salzen, die halbierte Leber dazugeben und noch etwa 40 Minuten zugedeckt köcheln lassen. Eventuell hin und wieder abschäumen. Das Suppenhuhn herausnehmen, und die Brühe durch ein feines Sieb abgießen. Mit Pfeffer und Salz abschmecken.

Tip: Das Suppenhuhnfleisch auslösen. Es schmeckt kalt mit Meerrettich und schwarzem Pfeffer hervorragend.

Notizen

Rinderbrühe

500 g Rindfleisch zum Kochen
1 Stück Ochsenschwanz (ca. 100 g)
500 g Rinderknochen
2 Markknochen
2 Bund Suppengrün
1 Stück Knollensellerie (60 g)
1 Stengel Maggikraut (Liebstöckl)
1 Bund Petersilie
4 cl trockener Sherry
Pfeffer, Salz

Rindfleisch, Ochsenschwanz und Knochen waschen und in einem großen Topf mit 3 ltr. Wasser zum Kochen bringen. Bei kleiner Hitze 130 Minuten köcheln lassen. Zwischendurch mit einem Schaumlöffel abschöpfen. Sellerie, Suppengrün und Kräuter waschen und in große Stücke schneiden. In die Brühe geben und 20 Minuten bei geringer Hitze mitkochen. Das Rindfleisch und den Ochsenschwanz herausnehmen, den Sherry angießen und die Brühe mit Salz und Pfeffer abschmecken. Durch ein feines Sieb abgießen.

Tip: Das Rindfleisch und den ausgelösten Ochsenschwanz in kleine Stücke schneiden und kalt mit einer Senfsauce oder frischem Meerrettich zum Abendessen servieren.

Notizen

Wildgeflügelfond

400 g Wildgeflügel mit Knochen
1 Karotte (40)
1 Stange Lauch
1 Stange Stangensellerie
1/2 ltr. Rinderbrühe
1 1/2 ltr. Wasser
1 EL Olivenöl
1 Eiweiß
Salz, Pfeffer, Muskat

Das Fleisch vom Knochen lösen und im Mixer fein hacken. Mit Pfeffer, Salz und Muskat würzen, dem Eiweiß und der kalten Fleischbrühe vermischen. Öl in einem Topf erhitzen, die Geflügelknochen darin gut anrösten.
Wasser und Fleischbrühgemisch angießen und zugedeckt 1 Stunde köcheln lassen.
Durch ein feines Haarsieb gießen und eventuell nochmals würzen.

Tip: Dieser Fond eignet sich hervorragend für Wildsuppen. Man verfeinert ihn mit Portwein oder Sherry. Die Kalbsbrätnockerln aus dem Wassermann – Menü schmecken darin ausgezeichnet.

Notizen

Notizen

Notizen

Notizen

Notizen

Verzeichnis der Rezepte

Die mit * versehenen Rezepte können,
die mit ★ versehenen müssen vorher zu- oder vorbereitet
werden.

Vorspeisen

Bayerische Gemüseterrine	Jungfrau
Gefüllte Champignons	Steinbock
Gorgonzolatascherl in Rinderbrühe*	Skorpion
Gurkensuppe mit Petersilie – Dill – Flocken	Zwillinge
Italienische Suppe*	Schütze
Kerbelsuppe* mit Kalbsnockerln	Wassermann
Lachsklößchensuppe*	Fische
Lammfilet mit Zucchiniwürfeln	Löwe
Majorangnocchi mit Kopfsalat	Krebs
Rahmnudeln mit Räucherlachs	Waage
Spinat mit Egerlingen und Speckwürfeln	Stier
Tomatensuppe mit Weißbrotcroutons und Sahnehäubchen	Widder

Hauptspeisen

Bayerische Ente, Laugensemmelknödel, Blaukraut*	Steinbock
Doppelt gebratene Chips, Röstspaghetti, Mangoldgemüse mit Pistazien	Schütze
Eingewickelte Schweinemedaillons, Broccolistrudel	Wassermann
Fasanenbrüstchen, Weinkraut*, aufgeblasene Kartoffeln	Zwillinge
Gambas mit Tomatensauce, schwarz – weißer Reis*, gedünstete Gurkenstreifen*	Krebs
Gefüllte Kalbsröllchen mit Röstgemüse, Weißbrot in Salbeibutter	Löwe
Lachsfilets mit Dillsauce, gebratener Reis*, Selleriegemüse*	Fische
Lammkeule im Kräutermantel, Paprikastreifen*, Kartoffelplätzchen	Widder
Putenbruststreifen mit grüner Kräutersauce Kartoffelraspel★, Tomatengemüse	Waage
Rehrücken★ mit Pilzsauce, Wirsinggemüse, Quarkpavesen	Jungfrau
Rinderspickbraten★ mit Spätzle*, Feldsalat	Stier
Zanderfilet in Buttersauce, Salbeikartoffeln*, glacierte Schalotten*	Skorpion

Nachspeisen

Bayerische Creme* mit
Brombeermark*

Waage

Birnencharlotte*

Fische

Galette Eve – Marie

Wassermann

Geeiste Feigen*

Jungfrau

Kirsch – Rotwein – Grütze*

Zwillinge

Limonencreme*

Skorpion

Mandelparfait* mit
Marsala –
Rhabarberkompott*

Widder

Mohr im Hemd

Schütze

Pfirsich mit Vanilleschaum*

Krebs

Topfenpalatschinken mit
Zwetschgenkompott*

Steinbock

Warme Apfeltarte* mit
Schlagsahne

Stier

Zwillingsmousse* mit
Himbeersauce*

Löwe

„Himmlisch Speisen" von Klaus Münzenmaier

Erstausgabe 2000 numerierte Exemplare

14 Sternbilder, 1 Vignette, das Vorsatzpapier und den Einband

gestaltete Klaus Eberlein

Den Druck der Originalradierungen der Vorzugsausgabe von

50 numerierten und signierten Exemplaren

fertigte Klaus Eberlein,

den Handeinband Alfred Stemp.

Die Platten sind markiert, so daß kein Nachdruck möglich ist.

Schrifttyp: Times der Berthold AG

Papier:　　Bütten 300 g von Hahnemühle

　　　　　　120 g Juweloffset

　　　　　　100 g Tosabütten (Einband)

Satz und Druck Dachauer Volksbote

Edition Curt Visel Memmingen

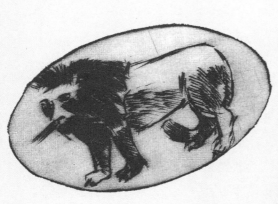

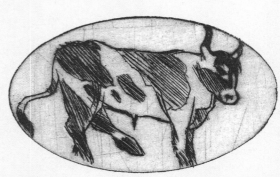